U0895259

国家自然科学基金面上项目“移动社交网络环境下基于情景化偏好的用户行为感知与自适应建模研究”（71573073）研究成果

基于用户行为感知的移动社交网络信息服务研究

张继东　著

中国财经出版传媒集团

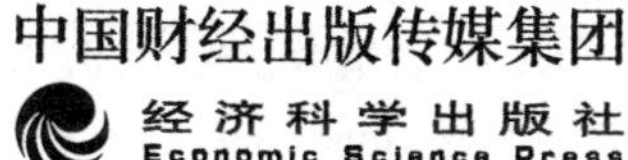

图书在版编目（CIP）数据

基于用户行为感知的移动社交网络信息服务研究/张继东著．—北京：经济科学出版社，2018.11

ISBN 978-7-5218-0096-8

Ⅰ.①基…　Ⅱ.①张…　Ⅲ.①移动网-用户-行为分析-研究　Ⅳ.①C912.6

中国版本图书馆 CIP 数据核字（2018）第 292533 号

责任编辑：刘　莎
责任校对：杨晓莹
责任印制：邱　天

基于用户行为感知的移动社交网络信息服务研究
张继东　著
经济科学出版社出版、发行　新华书店经销
社址：北京市海淀区阜成路甲 28 号　邮编：100142
总编部电话：010-88191217　发行部电话：010-88191522
网址：www.esp.com.cn
电子邮件：esp@esp.com.cn
天猫网店：经济科学出版社旗舰店
网址：http：//jjkxcbs.tmall.com
固安华明印业有限公司印装
710×1000　16 开　10.5 印张　170000 字
2018 年 12 月第 1 版　2018 年 12 月第 1 次印刷
ISBN 978-7-5218-0096-8　定价：37.00 元

前　　言

本书系国家自然科学基金面上项目“移动社交网络环境下基于情景化偏好的用户行为感知与自适应建模研究”（71573073）的研究成果。

移动社交网络作为互联网高速发展过程中的变革性成果综合了社交网络、移动终端和地理定位技术的优势与特点，具有更高的可靠性与更强的面向用户性，逐渐成为人们生活中不可或缺的一部分。然而，移动社交网络飞速发展所带来的“信息过载”的问题随着时间的推移变得越来越突出，用户通过移动社交网络快速、准确地获取有效资源变得愈发困难。因此，如何为用户精准推送服务，降低用户浏览负担，提高网络资源的利用率是目前亟待解决的问题。减少用户浏览负担、优化服务推送、增强用户体验，从根本上解决“信息过载”，是移动社交网络信息服务当前急需解决的问题。

个性化信息服务的提供逐渐成为移动社交网络的核心，用户可以数字化、智能化、多元化方式获取互联网信息资源，移动社交网络可以根据用户的自身需求为其量身定制个性化信息推送服务。

本书旨在提炼移动社交网络信息用户的行为模式，研究移动社交网络用户集群的信息行为特性，在用户偏好模型和聚类模型构建及应用中体现用户地理位置的特征，设计建立移动社交网络用户行为感知、预测机制。构建移动社交网络用户推荐个性化信息服务的模型，通过对于用户行为、社区聚类的感知与移动社交网络服务融合所产生的社交数据信息提取用户行为特征，继而为用户匹配与特征相符的个性化信息服务，实现高效的移动社交网络信息服务的推送，对于移动社交网络信息服务资源、知识资源进行科学管理。

在上述背景下，开展基于地理社交数据的移动社交网络用户行为感知及个性化信息服务研究具有重要的理论和实践意义。

1. 科学意义

（1）完善移动社交网络的信息服务模式，发展移动社交网络的信息管理理论与方法。研究移动社交网络环境下基于情景化偏好的用户行为感知，为移动社交网络用户行为规律的深刻科学认识提供科学方法和理论依据，发展移动信息资源、信息服务的管理理论。

(2) 契合信息资源管理发展趋势，丰富情报学理论和研究范式。积极探索移动社交网络用户行为模式识别、感知、引导的方法实现与优化，拓展移动信息资源管理的新视角，促进情报学与移动互联网技术的交叉与融合。

2. 应用前景

(1) 基于移动社交网络社区聚类、用户行为的感知与规律研究，在信息用户群体、信息服务集群的层面上拓展了移动社交网络信息服务的视野。建立移动社交网络的用户行为感知与引导的应用平台具有重大的社会意义和产业价值。

(2) 通过分析移动用户需求的变化和信息服务发展演变的机理，研究用户行为偏好内涵，设计建立具有可操作性的移动社交网络信息服务技术框架，构建移动社交网络用户个性化信息服务模型，快速而准确地向移动用户推送所需要的服务，解决移动信息服务的发现与推送的延迟问题，对于移动社交网络开展高效信息服务具有重要的实践指导作用。

本书的特色：

(1) 研究视角独特。以社区聚类、用户行为感知视角研究移动社交网络用户信息服务管理问题。

(2) 研究方法新颖。通过耦合隐马尔可夫模型解决移动社交网络信息资源领域的信息服务发现和匹配问题。

(3) 实践工作突出。以当前提高移动社交网络服务管理水平需求为导向，构建移动社交网络的基于地理社交数据和用户行为偏好的个性化服务适配原型系统。

本书的创新之处：

(1) 基于社区聚类、用户行为感知、地理社交数据的移动社交网络用户行为偏好预测、采集和识别研究。

研究基于位置信息服务的地理社交数据和社区聚类规律，设计建立移动社交网络用户行为和偏好的预测机制。通过大数据的用户偏好和行为分析总结用户个性化定制和信息行为决策规律，建立具有未知地理特征的移动用户行为与偏好预测、感知框架。

(2) 构建了基于用户行为感知和社区聚类识别的移动社交网络个性化服务推荐模型。

基于地理社交数据和社区聚类规律，提出了一种自适应的移动服务导向的数字社交网络服务框架，根据用户个性化定制和行为决策进行信息服务发现与推送。设计了提出基于用户的位置和运动方向的缓存预取预测方案和上下文感知缓存重新获取策略，对于用户情景化偏好进行动态预测和信息服务匹配，降低服务发现过程中的延迟，提高服务推送的准确性。

全书共13章：

第 1 章主要介绍本书的研究背景。

第 2、第 3、第 4 章是移动社交网络用户行为感知及社区聚类规律研究。

其中，第 2 章介绍了基于社交关系和地理位置进行用户行为感知的方法。融合地理位置、人群移动和社交关系提高信息服务个性化推荐精准度，设计了基于地理社交数据、社会友谊与人群移动的用户个性化信息服务推荐的通用框架，针对其目标人群构建特定的个性化推荐系统。

第 3 章提出了一种基于隐社交行为图形的新方法来计算移动社交网络中的信任度，根据紧密联系的一维信任关系构建了一个全局社交信任模型，提出了基于联系等级和组群同质性的量化社交网络信任关系的方法。

第 4 章介绍了移动社交网络社区用户聚类规律的研究方法。提出了基于用户偏好和信任度的移动社交网络社区聚类模型，综合考虑移动社交网络中节点的关系强度、节点相似性及交互信息相似性，通过计算节点间的关系信任度、相似信任度和偏好相似度并基于节点信任和节点偏好的总相似度来实现移动社交网络社区的划分。

第 5、第 6 章是移动社交网络个性化信息服务推荐研究。

其中，第 5 章构建了基于移动融合的社交网络用户个性化信息服务推荐模型，通过 LBS 服务与社交网络融合所产生的地理社交数据等信息提取用户行为特征，为用户匹配与特征相符的个性化服务，快速而准确地从海量信息中给移动社交网络用户提供所需要的信息服务。

第 6 章介绍了好友信息服务推荐模型的构建过程。构建基于社区划分和用户相似度的好友信息服务推荐模型，基于用户交互级别、专业知识水平、信任程度对社区进行划分并计算用户相似度，融合社区划分和用户相似度实现好友及信息服务的推荐。实现了移动社交网络用户的好友准确推荐及信息服务精准可信赖推荐，更好地服务并满足用户多样性需求。

第 7、第 8 章是移动社交网络用户信息服务使用意愿及用户影响力研究。

其中，第 7 章介绍了移动社交网络信息服务持续使用意愿的研究方法。分析移动社交网络主导型用户与浏览型用户持续使用意愿影响因素，引入相关变量，构建了基于用户行为感知的移动社交网络信息服务持续使用意愿模型并提出假设，最后通过结构方程模型进行实证分析。

第 8 章介绍了移动社交网络用户影响力度量的方法。从网络结构和社交属性的角度出发，提出了基于用户交互行为和情感倾向的影响力度量算法。除了能挖掘出传统算法所忽视的潜在影响力用户外，还能找出移动社交网络中真正具有影响力的正面意见领袖。

第 9、第 10、第 11、第 12 章介绍了移动社交网络个性化信息服务应用。

从社交网络舆情管理、个性化服务持续使用模型、数字期刊信息服务推送、移动家谱知识服务的设计和推送等角度说明了移动社交网络信息服务的设计方法。

其中，第 9 章介绍了移动社交网络信息服务中的网络舆情挖掘和管理。研究在网络舆情的形成和发展中用户行为的不同及其对网络舆情发展的影响，提供了舆情挖掘和管理的方法。

第 10 章构建了移动社交网络个性化服务持续使用模型，提出移动社交网络个性化服务机制建议，通过提高用户体验来激励用户使用移动社交网络服务。

第 11 章介绍了信息服务推荐技术在数字期刊服务推送中应用。分析数字期刊服务中的用户行为，掌握用户阅读倾向，提高信息服务推送精确度。利用用户行为感知技术对数字期刊服务推送提出了基本的研究理论框架，依照推荐算法设计对不同用户进行个性化推荐，增强用户信赖感，提高用户对数字期刊阅读的满意度。

第 12 章介绍了移动家谱知识服务的设计和实现方法。建立了移动家谱知识服务模型，设计了基于本体分子的宗族人物关系知识管理方法，解决家谱管理模型中静态知识的描述问题与动态知识的演化问题，向用户提供基于家谱的移动端可视化知识服务。

第 13 章是研究展望。对全书进行了总结，对于该领域的未来进行了展望。

本书的成功出版离不开我的家人、领导和同事的支持。感谢湖北工业大学经济与管理学院领导和老师们这些年对我工作的支持和帮助。

感谢我的父母这些年对我的扶持，默默爱护和支持着我的工作和家庭。感谢我的爱人易红燕女士对我工作的赞许和支持。

感谢我的女儿张晗玥，5 岁的你给我前行的动力，让我在工作中更有责任感，对你的爱让我更加清楚自己工作的责任和意义。

作者

2018 年 11 月

目　录

第 1 章

引　言

1.1 研究意义

移动社交网络作为互联网高速发展过程中的变革性成果综合了社交网络、移动终端和地理定位技术的优势与特点，具有更高的可靠性与更强的面向用户性，逐渐成为人们生活中不可或缺的一部分。然而，移动社交网络飞速发展所带来的“信息过载”的问题随着时间的推移变得越来越突出，用户通过移动社交网络快速、准确地获取有效资源变得愈发困难。因此，如何为用户精准推送服务，降低用户浏览负担，提高网络资源的利用率是目前亟待解决的问题。减少用户浏览负担、优化服务推送、增强用户体验、从根本上解决“信息过载”，是移动社交网络信息服务当前急需解决的问题。

个性化信息服务的提供逐渐成为移动社交网络的核心，用户可以数字化、智能化、多元化方式获取互联网信息资源，移动社交网络可以根据用户的自身需求为其量身定制个性化信息推送服务。

本书旨在提炼移动社交网络信息用户的行为模式，研究移动社交网络用户集群的信息行为特性，在用户偏好模型和聚类模型构建和应用中体现用户地理位置的特征，设计建立移动社交网络用户行为感知、预测机制。构建移动社交网络用户推荐个性化信息服务的模型，通过对于用户行为、社区聚类的感知与移动社交网络服务融合所产生的社交数据信息提取用户行为特征，继而为用户匹配与特征相符的个性化信息服务，实现高效的移动社交网络信息服务的推送，对于移动社交网络信息服务资源、知识资源进行科学管理。

在上述背景下，开展基于地理社交数据的移动社交网络用户行为感知及个性化信息服务研究具有重要的理论和实践意义。

1. 科学意义

（1）完善移动社交网络的信息服务模式，发展移动社交网络的信息管理理论与方法。研究移动社交网络环境下基于情景化偏好的用户行为感知，为移动社交网络用户行为规律的深刻科学认识提供科学方法和理论依据，发展移动信息资源、信息服务的管理理论。

（2）契合信息资源管理发展趋势，丰富情报学理论和研究范式。积极探索移动社交网络用户行为模式识别、感知、引导的方法实现与优化，拓展移动信息资源管理的新视角，促进情报学与移动互联网技术的交叉与融合。

2. 应用前景

（1）基于移动社交网络社区聚类、用户行为的感知与规律研究，在信息用户群体、信息服务集群的层面上，拓展了移动社交网络信息服务的视野。建立移动社交网络的用户行为感知与引导的应用平台具有重大的社会意义和产业价值。

（2）通过分析学术用户需求的变化和信息服务发展演变的机理，研究用户行为偏好内涵，设计建立具有可操作性的移动社交网络信息服务技术框架，构建移动社交网络用户个性化信息服务模型，快速而准确地向移动用户推送所需要的服务，解决移动信息服务的发现与推送的延迟问题，对于移动社交网络开展高效信息服务具有重要的实践指导作用。

1.2 本领域国内外研究的现状和趋势

1.2.1 国内外研究现状

1. 移动社交网络的信息服务与信息传播研究

国内一些学者开始关注基于移动社交网络的信息传播问题。赵文兵、赵宇翔、朱庆华借用复杂网络相关理论分析了 Web 2.0 环境下移动社交网络信息传播机理，构建了移动社交网络信息传播概念和数学模型。魏笑笑归纳出区域信息服务平台开展移动社交网络的可行性和优势，以高校社交网络微信应用为例进行了实证研究。赵雅馨从信息推送服务、查询服务、借阅相关服务、移动阅读服务、读者互动服务 5 个方面分析微信息环境下社交网络移动客户端用户的信息需求特点。俞琰、邱广华、李珊认为社交网站交互结构和属性变化与现实世界中的社会网络的结构有所不同，在一定程度上影响了社交网站中用户交互的形成。王伟军、甘春梅认为学术博客等社交网络主要发挥学术性功能和社交性功能，起到内容组织与管理、建立学术身份可信度、形成社区关系、促进知识交流与共享等功能。

总之，国内对于移动社交网络环境下的信息服务模式的关注要多一些，国外学者在这方面的研究文献不是很多，他们更加关注移动社交网络的系统构建、算法优化。

2. 移动社交网络的用户兴趣偏好预测和情景化感知研究

为了在移动环境中高效地识别和共享活动、情感和用户关系等高层次上下文，朱雪彤提出了一种基于贝叶斯网络的移动上下文共享系统，利用基于移动日志的贝叶斯网络自动地识别用户的活动及感情等高层次的上下文，并便于用户查看与共享。崔和程（Choi & Jeong）提出根据用户的情景化偏好、互动结果计算每一个偏好属性的权重，用于选择移动互联网的云计算服务。姆（Mu）通过直觉模糊集获取用户主观偏好权重，对理想解决方案的相似度计算得到偏好的顺序，给用户提供最好的移动计算服务。张亚明、唐朝生、李伟钢明确指出了微博转发预测中用户特征所涉及的用户关系、用户影响力和用户情景化兴趣算法等关键问题。

在线用户偏好演化机制对于了解在线用户行为和提高网络服务质量具有重要意义。侯（Hou）基于在线系统的两个基准数据集研究发现，在用户选择行为中的记忆效果是被选定对象的质量序列，在用户评级行为中的记忆效果是用户之间互相评级的序列。何军、刘业政提出了从用户发布信息、基于共同参与话题的社交关系中寻找相似兴趣最近邻、考虑用户在社交网络中影响力的相似兴趣最近邻，三种获取用户兴趣偏好的方法。

如何通过情景感知，获得用户的行为特征，从而自动发现潜在的社会关系，是移动社交网络重要的研究内容之一。阿那博蒂（Arnaboldi）提出一个轻量级上下文情景感知中间件平台，支持实时的移动社交网络，通过本地设备、本地用户与其他地方的设备和用户的互联来收集和推理多维语境信息，可以利用情景感知和社会感知功能优化推理结果。马（Ma）提出一种新的情景分析机制，进行基于上下文情景感知的移动社会网络的社区分析，该方法包括两个阶段：语境互动探索阶段，迭代上下文引导的社区检测阶段。唐和金（Tang & Kim）提出了一个上下文驱动的移动社交网络发现系统，该系统允许用户对附近的社会网络资源形成一个总体的了解，提供一个发现和推荐附近社会网络的平台，帮助用户积极参加社会活动，建立更加有用的社会关系。

国内学者对于移动社交网络情景感知的研究，曹怀虎、朱建明的工作很有针对性和代表性。提出了情景感知的移动 P2P 社交网络系统架构、聚合模型及发现算法，将用户的位置信息、环境特征、运动轨迹等引入聚合算法中，根据用户需求自主发现匹配的社会关系，避免了社交活动的盲目性和随意性。王玉祥提出了基于情景上下文感知、信任网络和协作过滤算法的移动社交网络服务选择机制，将情景上下文相似度引入服务选择的过程中，并且和信任度相结合，构成“用户—服务—上下文”三维协作过滤服务选择模型。吕苗、金淳、邓晓懿、韩庆平采用本体和SWRL服务规则搭建了基于情境的移动商务餐饮服务知识模型，实现了情境化信息与餐饮服务知识的共享和交互。

从国内外文献可以看出，国外关于有关移动社交网络的用户兴趣偏好预测和情景化感知相关的研究主要集中在用户上下文自动识别、用户情景化偏好属性权重的识别与标志、用户的情景化偏好主观偏好权重、用户基于情景化偏好的互相评级等方面，以数学建模等研究方式为主，也有学者尝试了计算机系统的中间件建模工作。国内学者则对于基于上下文的移动社交网络情景化建模进行了一些尝试，通过确立情景分析机制，对于情景感知的移动社交网络系统架构、模型、算法进行了研究。总的来说，国外学者对于情景化偏好的数学建模讨论较多，国内学者对于模型架构讨论较多，对于情景化感知模型建模后的后续工作很少提及。本书认为需要有进一步的研究，通过情景化偏好模型进行用户行为数据收集标识处理后，进行大数据分析后得到用户的行为决策规律，并进行相应的信息服务推送，提高移动社交网络的信息服务质量。

3. 移动社交网络的个性化定制、推荐服务研究

孔（Kwon）提出了一个基于位置的移动社交网络系统，系统与传统的社交网络系统、基于位置的系统、智能推荐系统进行了有效的融合，可以提供基于移动位置的服务和内容推荐。桑切斯和巴里莱罗（Sanchez & Barrilero）结合基于内容技术的协同过滤创建了一个适用于任何类型用户的移动社交网络推荐系统。孔和洪（Kwon & Hong）提出了一种基于移动社交网络的实时定位的内容推荐系统，通过全球定位系统定位用户，然后应用距离和偏好过滤方法推荐内容。通过偏好预测实验证实，该系统非常有效，能够实现定位和内容推荐。程少川、李高、郑俊基于个人知识管理所构成的知识社交网络，对跨学科创新合作人员的基于个性化定制的知识推送问题进行了研究。基于个人知识管理所构成的知识社交网络，提出了一种面向跨学科创新合作人员的知识推送方法。张朝旭为了更准确和迅速地从海量的服务和应用中找到用户感兴趣的上下文，实现基于个性化定制的服务推荐，针对移动社交网络上下文感知推荐机制做了相关研究。

国外学者针对移动社交网络的服务推荐做了很多研究，集中在推荐算法优化、系统构建、基于地理位置的信息推荐等方面，重视移动信息推荐的计算机系统实现，但是对于基于知识内容的推荐服务、推荐知识结构方面的研究不多。国内学者对于基于社交网络的个性化定制、知识服务推荐研究较多，在移动端的研究不多。基于移动社交网络的个性化定制、服务推荐是目前需要进一步研究的内容。

4. 网络信息服务自适应研究

移动社交网络涉及海量用户，实现多用户的自适应实时调度是非常重要的。雷乔杜里（Raychoudhury）提出了社区活动的自主调度系统 MoSoN，该系统在较低的信息成本和时间成本下能够实时安排多重用户的活动。肖提出了一个基于社区分布的优化机会路径算法，利用反向 Dijkstra 算法计算节点信息传输的最小期望值，以达到最优的机会路径，信息服务推送的计算成本和维护成本将大大降低。

研究人员提出多种自适应方法来改善网络服务推送的效率。许欢庆、王永成提出了网页预取技术，用于降低用户的访问延迟，提高 Web 服务器的服务质量。朱鸿宇、刘瑰、唐福华、陈左宁提出一个自适应的移动服务数据预取与缓冲算法，该算法是通过使用人工智能中的技术来分析用户的查询习惯，从而实现动态的预取策略并对预取的数据进行缓冲，以达到提高查询速度的目的。蔡伟鸿通过分析研究现有移动服务流媒体缓存管理算法和用户的访问行为特征，提出了一种新的基于选择性马尔可夫模型的缓存预取策略。张晓薇、曹东刚、田刚、陈向群提出一种多目标的移动端数据预取方法来满足不同用户的数据预取需求，不仅从用户偏好出发为其预取合适量的数据，而且从移动服务器角度出发，对于移动数据访问提出全局合作的方法，以大幅度提高服务质量。

“自适应适配”是工程技术领域的技术，指电源适配器根据线路负荷的变化自适应自动调整电压和输出功率。信息管理领域把这一技术应用到互联网软件开发领域，系统根据网络用户的动态需求自适应调整自身的互联网服务资源的分配。从文献中看到，国内外学者尝试使用该原理解决移动互联网的服务发现、选择、调度问题，降低系统的延迟，提高信息推送的效率。

1.2.2 研究现状和发展趋势述评

研究现状和发展趋势总结如下：

（1）移动互联网、移动社交网络成为热门研究领域以来，相关文献、项目及学术成果也开始增多，其中 2014 年、2015 年的文献最多。目前而言，移动社交网络属于一个全新的研究领域，值得继续进行深入挖掘。

（2）国外的研究多集中于移动社交网络的平台构建、服务选择、算法优化及移动社交网络用户行为感知，尤其是国外开始将地理社交数据应用于移动社交网络领域中，来分析用户的行为及兴趣偏好。相比国外，近几年来国内对于移动社交网络的研究方法大多以定性为主，缺乏系统性和深入性，仅有少数的实证在对于用户需求、态度及采纳行为进行分析研究，且研究方法也同样存在过去陈旧的问题；此外，国内的现有相关文献及成果中，综述性研究所占比例较大，多侧重于国内外应用现状的描述和总结，鲜有从新的视角和方法上进行深入评析。

（3）随着用户体验在当前大环境的重要性越来越被体现出来，国内外的研究机构也都开始重视服务质量的提升以及服务推荐的优化，并取得的一定成果。国内与国外相比在移动社交网络的研究方法和分析视角上还存在一定差距，尤其是地理社交数据的应用上。地理社交数据同时包含了用户的社交信息与地理位置信息，通过对挖掘移动用户的地理社交数据从而了解用户行为习性、构建用户偏好模型，为用户提供针对性的个性化服务，从而提高移动社交网络的信息服务质量。

（4）移动社交网络的用户行为偏好的建模研究，国内外学者做的主要研究工作集中在行为和情景化偏好的数学建模、模型构建方面，对于地理社交数据的应用仍处于探索阶段，通过地理社交数据来构建移动社交网络用户偏好模型、完成用户行为感知继而产生个性化推荐是一次具有重大意义的尝试。

综合国内外移动社交网络信息服务的研究现状，迫切需要进一步解决的难点问题在于：

（1）基于地理社交数据的移动社交网络个性化推荐框架的构建。

在移动社交网络环境中根据用户的位置情景信息获取用户需求，并对移动社交网络用户进行位置感知和信任感知来实现用户兴趣变化的自主预测，设计建立移动社交网络用户兴趣和行为的预测机制。通过对移动社交网络用户的需求分析和兴趣预测，来实现移动社交网络个性化服务推荐，从而构建基于地理社交数据的移动社交网络个性化推荐框架。

（2）融合地理社交数据构建基于位置感知的移动社交网络自适应信息服务系统模型。

结合移动社交网络在社交网络个性化信息服务中的应用，对移动社交网络中的用户地理信息进行数据分析，提出一种有效的智能自助的预测识别方法，及时发现、辨识、分析位置情景下用户的偏好和行为特征，分析用户的个性化定制和行为决策规律，建立基于位置感知的移动社交网络自适应信息服务系统，为用户提供高效的信息推送服务。

1.3 研究工作的主要内容

研究内容重点解决了数据分析、偏好预测、行为分析、服务建模四个问题。对应的研究内容为基于位置信息服务的地理社交数据研究、基于地理社交数据的移动社交网络用户行为偏好预测和采集识别研究、基于地理社交数据的移动社交网络用户足迹跟踪及行为动机研究、基于地理社交数据的移动社交网络用户个性化服务推荐研究。

研究内容总体工作流程归纳为：

（1）地理社交数据理论及数据分析研究。

（2）针对地理社交数据分析得到的大数据进行感知和采集识别分析后，构建行为与偏好感知框架。

（3）依据行为与偏好感知框架得到的行为规律归纳用户足迹和行为动机。

（4）针对用户的用户足迹和行为动机进行信息服务推送的自适应建模。

研究内容一：基于地理社交数据的用户社区聚类研究。

LBS（位置服务）作为基于手机位置定位的一项特殊服务，与移动互联网各种业务相互融合、相互促进，使得移动融合不仅仅是共性和异性服务产品的堆砌。也正是基于这个市场的庞大潜力，目前，包括移动 SNS、手机旅游、手机搜索、手机游戏等移动互联网应用层出不穷。移动融合随着位置服务广泛式应用在各个领域中都掀起了热潮，基于地理位置信息的酒店预订、发现周围生活服务及移动社交网络等都已经被人们所熟知并使用。与其他网络服务相比，移动社交网络由于移动地理信息技术所带来的便利以及人们对社交的需求，迅速在移动环境中取得了巨大成功。

当位置信息服务与移动社交网络服务融合时，将会产生同时含有地理属性与社交属性的新型数据，因此本书提出“地理社交数据”的概念，即用户使用基于具体地理位置信息的移动社交网络服务时所产生的交互数据。地理社交数据涉及两种属性：一种是用户在移动社交网络中的位置信息，可以反映用户的社会属性，包括用户的经历、工作环境以及年龄、身份、爱好等；另一种则是地理信息属性，它包括地名、位置坐标以及类别信息如数字社交网络等。在这两种属性中分别存在用户—用户、用户—定位、定位—定位共三种关系。在用户—用户关系中最典型的即是好友关系；用户—定位关系是移动融合中最为重要的一种关系，此类的应用如主动为两个定位大致相同的用户提供沟通交流的链接，目前诸多 App（如陌陌、微信）均是以此类关系为核心而开展业务；定位—定位关系中更多地能够得到用户的到访序列以及位置相似性，如果用在某一点或某一路径的到访频率即停留时间均大幅度超过平均水平，那么此类信息值得深入挖掘。

地理社交数据与传统进行用户感知时所挖掘的用户相关个人信息相比，不仅仅是简单将地理位置信息添加其中，其更深层的意义在于使得用户不仅可以通过移动设备在虚拟网络中，更能在实体世界中完成社交活动，可以同时利用这些信息和其他学术用户进行数据资源评价、交流。从线上到线下、从虚拟到现实，用户可以同时交替协同地使用线上与线下两种社交方式。对移动社交网络用户来说，数据资源探索、学术社交趣味性增加的同时也弱化了移动社交网络与现实生活脱离的形象；对数字社交网络服务提供商来说，从线上到线下的社交活动为服务商展现出一个立体的多维度的用户特征模型。

研究内容二：移动社交网络用户行为偏好预测、采集和识别研究。

1. 移动社交网络用户行为预测

基于地理社交数据的移动社交网络用户行为偏好预测研究，旨在研究如何基于各种因素来预测移动用户的信息服务请求。在移动和普适计算环境中，对于用户的行为偏好预测需要考虑更多的因素，比如通过手机等移动设备的 GPS 定位采集到的用户的当前位置、移动方向、硬件资源、网络带宽和其他因素。设计对应策略或规则并将其应用于决策方案，以便更准确地预测一个移动社交网络用户的未来请求。通过移动 Web 浏览预取社交网络用户的浏览历史、学术兴趣、导航行为以及可获取的可用的普遍的上下文资源，分析这些因素，将它们与可用上下文相比较，计算用户对一个上下文感兴趣的概率。

为了提高行为偏好预测的准确度和效率，本书提出两个方案策略。①基于移动社交网络用户的位置和运动方向的缓存预取预测方案。通过分析用户的现在和将来位置、相应地查询历史记录和预定义的用户参考轮廓线来预测用户的未来查询的概率。②上下文感知缓存重新获取策略。通过上下文感知机制在运行时动态预测社交网络用户行为偏好。现有的研究方案多没有考虑用户偏好的动态性，也就是对于用户行为偏好的预测。本书提出的模型不仅要根据历史查询记录，还要根据用户的当前上下文动态、自主地计算用户的行为偏好。

2. 移动社交网络用户行为偏好采集和识别

移动社交网络用户行为偏好信息采集方式主要包括：①通过用户主动提供的个人信息需求信息的方式，采集用户偏好信息的方法和机制；②基于移动社交网络服务器端的用户偏好信息采集方法；③基于移动社交网络代理服务器的用户偏好信息采集方法；④基于移动社交网络客户端的用户偏好信息采集方法。

通过对用户偏好信息的采集，判断、识别移动用户对信息需求的动态变化，推测社交网络用户的相关研究方向、研究内容的变化，即识别出行为用户偏好信息。例如用户访问移动服务应用时，服务器日志会记录用户大量的个人信息，包括用户的地理位置信息（移动设备 GPS 采集）、用户使用的移动设备种类型号、IP 地址、注册信息、上网时间等，由此可以识别用户的活动区域范围、年龄、学历、专业、职业等信息；通过用户浏览的 WAP 页面服务和代理服务器会保存用户请求的页面，可识别用户近期学术研究的专题和领域等。移动社交网络用户行为偏好信息识别方式主要包括：①用户偏好信息分类；②用户偏好信息标识，标识出能够反映用户信息需求变化的信息；③分析、归纳反映用户信息需求变化信息的规律；④建立反映用户需求变化信息即行为用户偏好信息的规则。

研究内容三：移动社交网络用户足迹跟踪及行为动机研究。

1. 移动社交网络用户足迹跟踪研究

足迹跟踪的目的就是给移动社交网络用户提供更加明确且有针对性的信息服务。足迹跟踪的过程也是对用户的个人基本信息、浏览历史数据、借阅书籍信息等数据进行筛选（过滤）、分类、整理、记载的过程，再针对每个用户建立个人社交网络，以便更加方便、快捷地使用移动社交网络。

个人社交网络是通过足迹跟踪的数据分类整理得出，这也是信息过滤的一个结果，根据这些信息数据初步可以判断出用户的大致偏好，若想进一步深入挖掘则需要利用动态挖掘算法 DMA（dynamic mining algorithm）对用户未来的行为偏好进行预测。移动社交网络的个性化定制在用户已有偏好的基础上进行深度探索，进而提供更加全面的信息服务。

用户在服务使用过程中留下的足迹包含地理社交数据，根据用户所在的地理位置信息，可以无线接入高校社交网络或者公共社交网络，通过个人社交网络进行馆藏查询、电子资源浏览等操作，再结合用户的社交数据，推测用户偏好，进而推送个性化服务。在这个过程中，可能推送的信息是用户不满意的，这就需要用户的主动行为来选择是否继续接受移动社交网络的个性化信息推送服务。

2. 移动社交网络用户行为动机研究

在基于情景化偏好的移动社交网络用户行为感知模型中，起到中介作用的为个人动机和感知价值，个人动机决定着用户是否会采取行动，而感知价值则影响着用户是否对移动社交网络有下一步的操作。用户在一定的情景下，如果没有受到外界信息的影响产生个人动机或者受到外界信息的刺激，但是由于对移动社交网络的服务存在着某种程度上的不信任，那么用户也不会对移动社交网络产生个人动机，也就是用户不会使用社交网络来满足自己的需求。若是用户已经对移动社交网络产生个人动机而进行了直接行为，此时的用户会对书目中的各本图书在头脑中形成感知价值，而如果用户对图书的最大感知价值达不到用户自身知识需求度，那么也就不会进一步产生个人动机，或是个人动机产生以后，间接行为不能带给用户预期的期望，用户也不会有使用移动社交网络的意愿。所以移动社交网络可以提供一种围绕提升用户个人动机和感知价值为核心的移动社交网络个性化服务，就可以提高移动社交网络的使用率。

移动社交网络个性化服务是根据用户的情景化偏好来迅速、高效、经济地提供馆藏资源的服务机制，具有个性化和主动性，为移动社交网络用户提供个性化服务，其中获取移动社交网络用户情景化偏好是一项重要内容。获取用户情景化偏好可以从两个方面入手：一是用户的个人基本信息，从用户的注册信息中获取用户的性别、年龄、所属地以及兴趣爱好等其他信息；二是从用户搜索的关键词、书签以及收藏夹中获取用户短期内对于信息需求的偏好。这两个方面获取的信息综合起来就可以分析一定情景下用户的偏好，从而在用户搜索时以此为基础为用户推荐具有个性化信息的书目，这样可以更好地满足用户的需求，提升用户的个人动机以及感知价值。此外，还可以通过移动社交网络界面友好化来实现提高用户个人动机，界面友好化指的是移动社交网络的界面能让用户快速地进入相应的服务，比如将某些主要服务设置醒目的标志，设置一些可以直接进入的相关链接，设计可以展示各种兴趣分类的相关内容的框架等都可以在某种程度上促使用户产生个人动机。总而言之，移动社交网络个性化服务机制可以提高用户对移动社交网络的评价，影响用户的个人动机和感知价值，最终实现移动社交网络用户使用率的提高。

研究内容四：移动社交网络用户个性化服务推送研究。

用户由于某种主动或被动的需求而触发对移动社交网络资源获取的行为，这个过程中可能是用户在某地理位置对无线终端提供的信息产生了兴趣，也可能是用户的个体意愿激发用户需求而主动获取信息。比如每当进入某一省市的时候，手机会收到该省市的短信息提示“您已进入我省”并表示欢迎。移动社交网络的使用同样可以结合地理位置数据，对用户进行相应的信息资源推送。随着用户不断的移动，用户在使用无线终端的社交过程中不免会产生大量的地理社交数据，这些数据会经过筛选、整理、分类等过程最终存储在数据库，当用户受到外界因素或是自身的原因而影响到兴趣偏好的改变，进而影响用户的需求，这时通过足迹跟踪为用户提供个性化定制的信息服务将大大提高移动社交网络的信息资源利用效率。

以用户社交的地理位置数据为线索，对用户的偏好进行多角度挖掘，即不同因素影响产生不同结果，从而通过移动社交网络为用户提供个性化信息服务。

移动社交网络最大的特点就是不受地域限制，即移动性极强。看起来似乎与地理社交数据矛盾，但如果充分利用用户的地理社交数据，则能从某些角度更为高品质地为用户提供个性化信息服务。用户处于不断移动的状态，其手机等无线终端也会随用户产生位移，这些地理位置以数据的形式与移动社交网络关联。如图 1 -1 所示，如果用户有个人意愿主动获取信息资源，则会推送用户想要的资源，如果用户处于被动状态，即想根据推送的消息或是他人的观点来获取资源，则会从地域特色推荐或是地理位置接入的社交网络热门资源推荐。

从地理社交数据的角度针对用户偏好对用户需求的影响提出个性化信息服务，在记载用户基本信息的基础上建立个人社交网络，利用足迹跟踪等手段对用户偏好进行一个初步预测，随即结合用户不断移动的地理社交数据，进而通过不同的方式进行信息推送服务。如通过连接与用户地理位置最近的实体社交网络进行个性化定制，如通过用户所在地信息结合用户需求进行个性化定制。为用户提供最优的移动社交网络使用体验是个性化服务推荐的目标。

1.4 研究目标及要解决的关键问题

1.4.1 研究目标

（1）研究基于位置信息服务的地理社交数据的内涵，在用户行为偏好模型的构建和应用中体现位置信息服务特征，建立移动社交网络用户行为偏好预测机制。

（2）以移动社交网络用户的海量行为数据为中心，结合社会心理学与社会结构理论，围绕学术用户行为的感知、机理、管理展开研究，构建移动社交网络用户信息行为机理获取与感知框架。

（3）研究情景化用户个性化定制和行为决策，构建移动社交网络用户个性化服务推荐模型。技术上解决移动信息服务发现延迟问题，实现高效的移动社交网络信息服务的推荐，对于移动社交网络信息服务资源、知识资源进行科学管理。

1.4.2 拟解决的关键科学问题

（1）通过研究基于位置信息服务的地理社交数据，在移动环境下将社交网络服务进行基于用户行为和社区聚类信息的融汇、聚合。

（2）移动社交网络用户行为偏好的预测。本书提出基于移动信息用户的位置和运动方向的缓存预取预测方案和上下文感知缓存重新获取策略这两个方案，本书需要实现这两个方案以解决用户情景化偏好的动态预测需求。

（3）基于地理社交数据的移动社交网络用户个性化定制信息服务推送。本书设计了基于地理社交数据的信息服务节点发现与匹配方案，依据匹配结果进行用户个性化定制信息服务推送。

1.5 研究方法

本书研究是以理论研究、关键技术研究、建模与原型系统实现、实证研究的顺序开展的。

1. 研究方法

①文献分析。通过利用互联网、国内学术检索终端，检索国内外知名数据库来查阅和本书相关的国内外研究成果和研究进展。②理论分析。从移动社交网络的用户偏好和行为感知需求出发，提炼移动社交网络环境下满足当前实时性要求的用户行为特征模型与用户偏好的语义表达与挖掘方法。③建模分析。构建云计算环境下的数字图书馆语义服务模型，搭建适合数字图书馆的云计算平台，从总体框架、体系结构、语义服务部署及运行机制、系统实现等多个角度来建设和实现该模型，通过设计、开发、实现该模型来验证本书方案的可行性。④系统分析。在模型的系统分析与设计中，采用软件工程中的原型构造法，设计移动社交网络环境下基于情景化用户偏好的自适应信息服务模型，不断地修正和完善该模型，依靠该平台验证本书所提出的方案。⑤原型实现。对理论模型提出的假设进行验证，开发系统原型软件，并借助 SPSS 分析整理实验数据。原型系统采用 J2EE 架构，以实验数据反馈进行算法、模型的再优化，实现信息化手段下的移动社交网络自适应模型的原型实现。通过在相关部门的实际应用，召开专家咨询研讨会议，提出系统改进和完善的方法，逐步实现推广应用。⑥案例分析。实地走访国内外的移动互联网企业，了解国内外的移动社交网络的发展应用现状，了解国内互联网行业对于情景化用户偏好建模的实际需求。通过个案调查，让我们的研究与移动互联网实践相结合，研究成果可以直接应用到国家移动互联网建设中。⑦归纳分析。根据理论研究、模型研究、算法设计和实证研究的结果，实现信息化手段下的移动社交网络用户偏好和行为规律的归纳分析。

2. 技术路线

在移动社交网络环境下典型用户集群可聚可散可控的关键技术中提炼共性科学问题，以社交网络中移动互联网信息发布的海量数据为中心，建立移动信息用户社会集群行为的规律模型，建立移动社交网络下情景化用户偏好信息服务自适应计算框架，并进行系统原型实现。

研究方法与技术路线如图 1 – 1 所示。

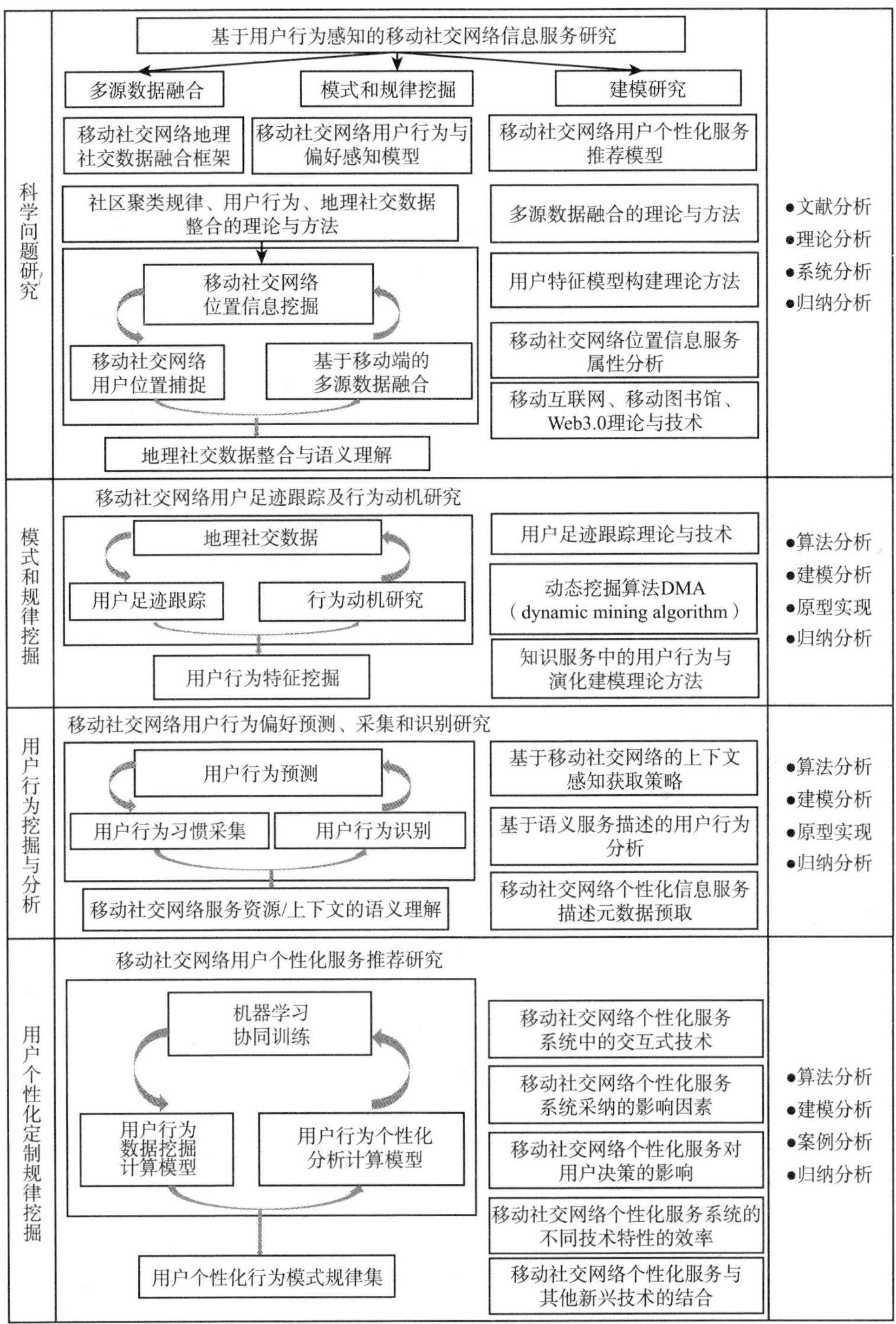

图1－1 研究方法与技术路线

第 2 章

基于社会友谊和人群移动的用户行为感知

2.1 融合地理位置与社交网络的移动信息服务

移动社交网络作为互联网高速发展过程中的变革性成果综合了社交网络、移动终端和地理定位技术的优势与特点，具有更高的可靠性与更强的面向用户性，逐渐成为人们生活中不可或缺的一部分。然而，移动社交网络飞速发展所带来的“信息过载”的问题随着时间的推移变得越来越突出，用户通过移动社交网络快速、准确地获取有效资源变得愈发困难。因此，如何为用户精准推送服务，降低用户浏览负担，提高网络资源的利用率是目前亟待解决的问题。

如今智能手机的普及和定位技术的发展使用户比以往更容易获得位置信息，对于移动社交网络用户而言，使用会定位其地理位置的移动端应用已经司空见惯，地理信息已经成为用户的重要特征属性之一。要求定位用户地理位置的应用从过去单一的百度地图、高德地图等导航应用到如今如日中天的探探、陌陌等基于位置的服务应用，地理位置信息在各个领域的服务应用中都扮演着重要角色。在各类服务纷纷提供移动端应用大背景上，结合地理位置信息与用户的社交关系网络为移动社交网络用户提供更贴近其个性化需求的信息定制服务显得尤为关键，然而，在以往的移动社交网络用户个性化服务定制与推送的研究中，多是着眼于社交关系、用户移动等单一元素往往忽略了地理位置、人群移动和社会友谊三者的融合对于提高信息服务个性化推送精准度的重要作用。

为了更精准地分析移动社交网络用户的需求，本章将用户的社交圈分为两部分：一部分是生来就有或无法选择的关系，如父母、同学、同事等；另一部分是用户根据自身偏好来选择发展与维持的关系，这种基于共同兴趣与个人偏好的关系我们称为社会友谊。具有社会友谊的人之间都有一定程度上的同质性，即所谓

"物以类聚，人以群分"，同质性是我们根据社会友谊进行个性化推荐的基础。每个用户在社会中都会充当不同的角色，每个角色的爱好兴趣与社交圈各不相同，因此，本章要对用户的社会友谊圈进行划分，研究不同社会友谊圈用户的移动轨迹，探寻用户群体移动轨迹与用户兴趣图谱重合部分之间的联系。

融合地理位置定位与移动社交网络的服务越来越受到用户的欢迎，其间产生的海量同时包含地理属性和社会属性的新型数据为我们提供了坚实的研究基础。比如，新浪微博有一项备受用户喜爱的功能"签到"，当用户使用"签到"功能来分享个人的位置信息时，会生成一种同时包含用户实时地理位置信息与其社交信息的数据，我们称为"地理社交数据"。相比于用户朋友圈定位等大数据，新浪微博的"签到"数据更公开、更容易获取。本章结合新浪微博官方 API 与网络爬虫的方法提取新浪微博用户的"签到"数据，获取了一个大规模的用户移动轨迹数据集，据此建立用户群体移动轨迹预测模型，推测与该基于社会友谊的用户群体标签相似的其他用户的移动足迹，并为其提供相似的信息推送。

2.2 相关概念

本章构建的个性化推送模型基于地理社交数据、社会友谊与人群移动的研究基础之上，如图 2-1 所示。地理社会数据展现的是多角度立体化的用户模型，该数据由移动终端实时传送，很难被篡改，与其他数据来源相比，其可靠性更高，用户信息覆盖率更广，基于地理社交数据进行的个性化信息推送会更加精准有效。

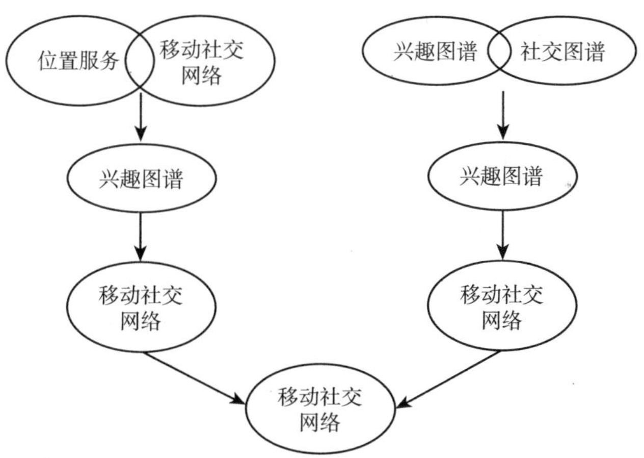

图 2-1 具有共同兴趣爱好的人群移动轨迹推导模型

相较于其他单独分析某个用户的移动轨迹并推测其偏好与信息需求的研究，本章提取了一个大规模的用户移动轨迹数据集，根据用户偏好与社会友谊进行移动轨迹子集的划分，通过分析具有社会友谊用户的移动轨迹，找到用户社会友谊、移动轨迹与兴趣偏好的契合点，进一步预测更多兴趣图谱存在交集或者移动轨迹存在重合部分的用户所需要的信息服务。基于这个融合了地理社交数据、社会友谊以及用户使用 App 的习惯三个因素模型的信息服务推送会更加符合用户的需求。

2. 2. 1 地理社交数据

地理社交数据是位置信息服务与移动社交网络融合时产生同时含有地理属性与社会属性的新型数据。由于定位数据直接来自用户所使用移动终端的定位装置，具有准确且直观的特点，针对这种信息建立用户个性化定制服务推送模型会更加精准地契合其对于信息的需求。

时下火爆的一些交友应用（如探探、陌陌）就是基于地理位置与社会属性这种双重属性来提供服务。当用户使用陌陌时，应用会要求获取用户的地理位置定位，用户定位后，应用会根据用户的社交偏好与兴趣偏好推送其所处地理位置附近的用户的交友信息。当用户使用移动终端时，应用程序可以获取其实时传送的地理位置信息，经过数据分析后便可根据该地理位置的地域特点为他推送个性化定制信息服务。若应用程序探测到用户在美食街附近便会实时推送美食类信息，当其足迹移动到大型商圈时，应用程序转而为他提供美妆、服装类信息等。我们通过挖掘和分析用户的移动地理社交数据，建立具有公共属性的稠密用户社团的移动模型，具有极大似然预测和排序用户的下一步可能的移动地点的能力，为预测并探索用户的不同方面信息需求提供帮助。通过分析用户数据构建移动轨迹相似性和兴趣节点碰撞率这两个社交集成层，分析用户的移动轨迹与兴趣图谱节点，移动轨迹重合度越高或是节点碰撞率越高，用户集群所需的服务越相似，以至于可以通过 A 用户的属性来挖掘 B 用户的潜藏属性。

目前，基于位置的社交功能已经成为移动社交网络服务的标准配置，如 Facebook、Twitter、微博、QQ 等移动社交应用程序所具有“地点共享”“签到”“位置识别”等位置服务的功能，随着定位服务在用户日常生活中的不断渗透，社交属性与地理位置相结合形成的一种新型数据也在不断增多，我们称其为地理社交数据（geo-social data），这种多维数据为提高新型移动应用和服务的推送精度提供了新的可能性。

2.2.2　社会友谊

用户的社交圈分为两部分：一部分是生来就有或无法选择的关系，如父母、同学、同事等；另一部分是用户根据自身偏好来选择发展和维持的关系，具有公共属性的用户更可能互相产生友谊并构成稠密社团，这种基于共同兴趣的关系我们称为社会友谊。

相似个体选择彼此进行交往的倾向我们称为同质性（homophily），同质性是我们根据社会友谊进行个性化推送的基础。具有社会友谊的人之间都有一定程度上的同质性，即所谓“物以类聚，人以群分”。同质性表现在社会生活中的方方面面，比如年龄相近的人交往更密切；来自相同地域的人更容易相互信赖；教育背景相似、行业相近的人更容易成为朋友，具有相同兴趣爱好的人之间更容易形成深厚友谊等。比如，在幼儿园，对科学育儿有着浓厚兴趣的家长会建立良好的关系；在银行中，同在金融领域工作的同事形成了基于金融这一领域的社交关系。用户的关系图谱与兴趣图谱不是相互独立的关系，建立在共同兴趣基础之上的社交关系，随着时间的推移会慢慢渗入社交图谱中形成社会友谊。

每个用户在社会中都会充当不同的角色，每个角色的爱好兴趣与社交圈各不相同，因此，本章要对用户的社会友谊圈进行划分。如图2－2所示，用户甲的社会属性是银行职员，平日非常关注金融领域消息，其金融社会友谊圈内多是金融从业人士，她们的共同点是对金融互联网方面的信息需求较高，偏向于寻求这方面的服务，因此，向此用户集群提供基于金融证券场所的股票等消息会更符合其需求；除此之外，她还是一位母亲，平日对育儿方面信息非常关注，拥有相当

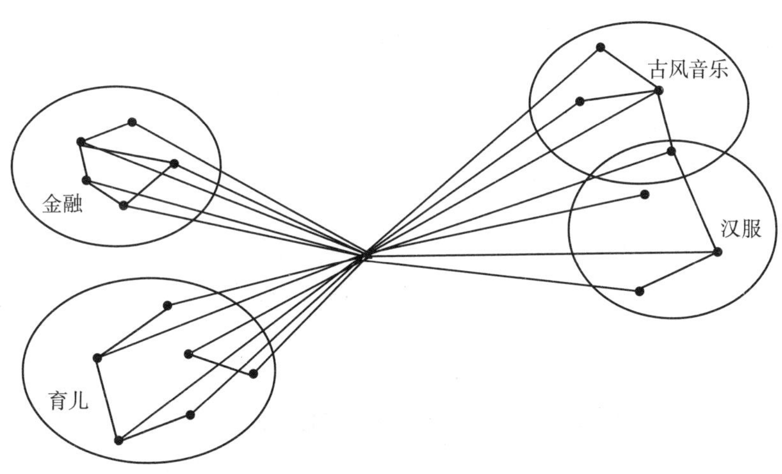

图2－2　移动社交用户甲社会友谊圈的划分示意

数量的家长朋友。此育儿社会友谊圈访问足迹多遍布在幼儿园游乐场等儿童密集场所，因此，针对此用户集群最常访问的地理位置，进行基于儿童教育类服务推送效果会事半功倍。

目前，基于社交关系进行个性化服务推送的研究主要集中于用户社交圈这一单一元素，忽略了地理位置、人群移动和社会友谊三者的融合对于提高信息服务个性化推送精准度的重要作用，也没有将对用户兴趣图谱与社交图谱进行必要的区分。本章融合了地理社交数据、社会友谊以及用户使用 App 的习惯三个因素，分析具有社会友谊用户的移动轨迹，找到三者之间的联系与契合点，从而进一步预测更多兴趣图谱相重合的用户所感兴趣的信息资源。

2.2.3 人群移动

人群移动规律与特点在智慧城市、移动社交网络用户行为等不同学科的研究中都占有重要分量。目前，情报学领域内有关用户移动轨迹的研究多是着眼于预测单个用户的移动特性与移动轨迹，将人群移动与个性化服务相结合的研究寥寥无几。

本章不单独分析某个用户的移动轨迹并推测其偏好与信息需求，而是提取了一个大规模的用户移动轨迹数据集，根据用户偏好与社会友谊进行移动轨迹子集的划分，将兴趣图谱与社交图谱均存在交集的用户群体的移动轨迹与社会友谊进行融合，建立具有社会友谊用户群体的移动轨迹预测模型，并由样本集向更大规模的用户集群进行更大范围的推广与应用。相比起由单个用户的移动轨迹推其信息需求，再由用户集群内的所有用户的信息需求推测整个用户集群信息需求的研究思路，由用户集群的移动轨迹直接推其习惯显然更加直接、准确。

2.3 用户地理社交信息数据提取

本章地理社交数据来源为新浪微博的“签到”数据，一方面，新浪微博移动端用户数量多活跃度高，有效数据量非常庞大。另一方面，新浪微博开放了粉丝服务接口、微博接口、评论接口等9类应用程序编程接口（API），用户地理数据与社交关系数据的提取相对于其他应用平台来说更加容易。目前，主要存在两种应用较为广泛的新浪微博用户数据抓取方法，一种是基于新浪微博 API 的用户数据提取方法，另一种是基于网络爬虫与 Web 网页解析的用户数据提取方法。

2.3.1 基于新浪微博应用程序编程接口的用户数据提取方法

新浪微博开放平台向第三方平台与机构提供的官方应用程序编程接口为第三

方服务的接入与提取用户数据提供很多可能。扩展和定制官方提供的开放性应用程序编程接口可以实现热门微博、用户评论、用户之间的关系、用户的粉丝及朋友信息等社交数据的采集。通过官方 API 获取的数据格式规范结构清晰，其精练性为后续数据分析和数据挖掘提供了极大方便。使用该种方法首先要通过 OAuth 2.0 对开发者进行授权来开放开发者的权限，开发者在进行实名认证、创建应用并获得后即可调用新浪微博所提供的 API 接口来实现各类数据的读取。本章使用了微博读取接口、评论读取接口、用户关注读取接口、用户粉丝读取接口、用户关系读取接口、公共服务读取接口等 API 接口来抓取用户数据，新浪微博每个接口都有其相对应的函数，如获取用户发布微博接口为 statuses/user_timeline，获取两个用户之间是否存在关注关系接口为 friendships/show 等。利用新浪微博开放平台应用程序编程接口提取到的用户地理社交数据，可以清楚且批量地看到某一用户的 UID、性别、使用头像，所在省份、所在城市、就读学校、学历、个人描述等信息，这种大批量的用户信息为我们研究用户社会友谊与移动轨迹的关系奠定了数据基础。然而，由于新浪微博限制了接口的调用次数，通过官方 API 采集数据的速度较慢，在较短时间内获得构建模型所需数据量的难度较大。

2.3.2　基于网络爬虫与 Web 网页解析的用户数据提取方法

应用网络爬虫与 Web 网页解析实现新浪微博用户数据的获取也是一种可行方法。开发者构建网络爬虫程序，在浏览器上模拟微博用户登录微博平台及其浏览行为，从而实现对用户微博数据采集。网络爬虫技术能够从海量且杂乱无章的数据中抓取并聚类所需资源，相较于扩展和定制官方提供的开放性应用程序编程接口的方法，网络爬虫实现的难度更大。网络爬虫获取的原始数据一般为页面数据，开发者需要对采集得到的数据进行解析才能取得目标数据，同时，开发者需要通过 Web 站点的身份认证，且某些网站开发了反爬虫的功能限制了网络爬虫获取数据的能力。不过，该方法具有不受限于数据访问频率的优势，采集数据的效率更高。我们利用爬虫系统采集并解析页面内容得到了部分原始数据，该数据集中的每一条记录包含了以下信息：

```
//collection:weibo
{
"_id":Object Id("23fghc0cstxisn74b8ba826fc"),
"loc":{
"type":"Point",
"longitude and latitude":[
113.533
```

29.282
]
},
"loc_tag":"武汉东湖绿道",
"pub_time":"2018-04-01 19:12",
"content":"拍摄汉服外景"
}

其中，每条用户数据的主键_id 是数据库系统自动生成的对象 ID；loc 表示地理位置信息，记录位置数据的类型和经纬度；loc_tag 表示地理位置标签；pub_time 表示用户签到时间信息；content 表示用户发布的微博内容。

本章的初始实验数据集为一组具有社会友谊的用户群体的地理信息数据，通过调用官方开放的 API 接口与网络爬虫的方法采集用户的互相关注列表与此用户群体发布的带有定位信息的微博。爬虫程序根据广度优先策略首先爬取某一特定用户的互关列表与其最新发布的 150 条微博及其定位数据，再依次对有互相关注关系的微博用户信息进行爬取，最后得到 23 293 条微博。对微博数据集进行数据预处理后得到 17 824 条微博，通过对其地理位置进行识别得到 6 782 个地理位置。其中，地理定位点最密集的区域为“光谷广场”，有 1 102 条相关微博。本章在此只列出相关微博数量前十名的地理位置（如表 2 - 1 所示）。这个同时具有社会属性与地理属性的用户信息集，为下一步研究奠定了良好的数据基础。

表 2 - 1　　定位密集度排名前十的地点

排名	地理位置	相关微博数量
1	光谷广场	1 102
2	武汉广场	978
3	江汉路	932
4	武汉大学	781
5	东湖绿道	590
6	黄鹤楼	534
7	中南路	490
8	湖北省博物馆	283
9	菱角湖万达	127
10	奥山世纪城	108

2.4　基于社会友谊与人群移动的社交网络用户个性化服务推荐建模

移动社交网络用户的随机移动符合隐马尔可夫模型，其下一步移动地点 n 通常决定于前一个移动地点 n－1，在此转移过程中存在转移概率，且此概率能依据用户的前一段轨迹推算，该理论是本章构建基于社会友谊的人群移动模型的基础。

如图 2－3 所示，我们从新浪微博移动端中提取大量的移动社交网络用户的地理社交数据，通过各种数据处理手段构建出人群移动模型后，计算用户与样本用户群体特征向量模型的余弦相似度，筛选出与目标群体兴趣爱好特征相似的用户群，使用该模型对其他用户即兴趣图谱有交集的用户可能的移动轨迹与潜在环境进行预测，完成一次结合用户移动轨迹与个人兴趣图谱的个性化服务的定制与推送。本模型提供了基于地理社交数据、社会友谊与人群移动的个性化信息推送通用框架，可针对目标人群进行深入研究并构建特定的信息推送系统。

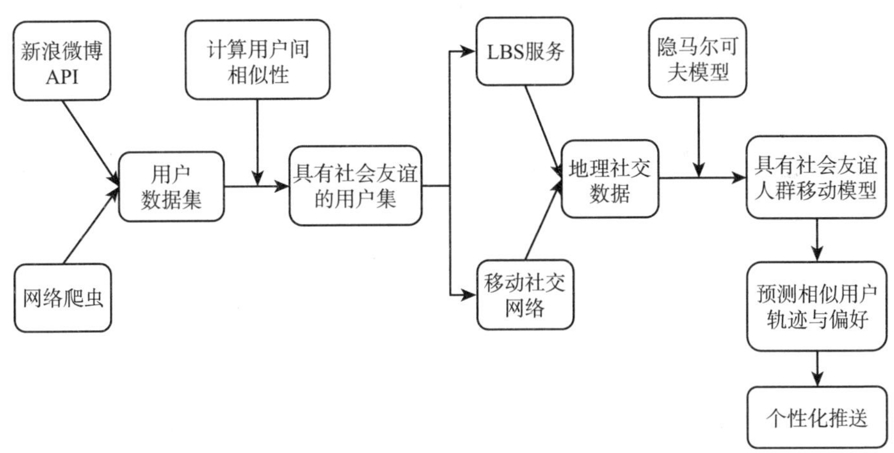

图 2－3　基于社会友谊与人群移动的社交网络用户个性化服务推送模型

2.4.1　移动社交网络用户画像

首先运用向量空间模型从这些多元复杂的用户行为数据中提取出较为精准的特征，通过降维归约将初始的 P 个特征合并为 K 个新特征（K≪P），如式（2－1）所示：

$$S_i = W_{i,1}X_1 + \cdots + W_{i,P}X_P \text{for } i = 1, \cdots, k \quad (2-1)$$

用矩阵表示为：$S = WX$。

对特征的合并目的不是为了减少维度，而是合并同类项从而获得更加精确的特征。下面通过数据加权的方式将 m 个特征转换成一个能更加精准代表用户属性的新特征 γ'，$\gamma(j)$ 为用户特征，$w(j)$ 为其权值集：

$$\gamma' = \sum_{j=1}^{P} w(j) \cdot \gamma(j) \quad (2-2)$$

将多维的用户特征进行降维归约得到用户特征集：

$$User = U\{g, i, f\} \quad (2-3)$$

在式（2-3）中，特征 g 为用户移动轨迹，特征 i 包含用户个人属性和兴趣爱好，特征 f 为来源于移动端的地理社交数据。

2.4.2 基于大数据的用户移动轨迹预测建模

为了进一步提高数据集的精准度，过滤掉兴趣图谱没有交集的用户，我们参考了麦肯齐、亚当斯等人提出的一种基于主题熵的诊断权重计算用户间相似性的方法，将用户特征相似度计算并对比匹配。通过计算用户之间特征向量模型的余弦相似度，筛选掉余弦相似值小于 0.51 的 user2。

$$sim(user1, user2) = \frac{user1 \cdot user2}{\| user1 \| \cdot \| user2 \|} \quad (2-4)$$

式（2-4）中，余弦相似度值越接近于 1，用户之间的特征相似度越高，两者兴趣图谱交集越大。

定义兴趣图谱与关系图谱均有交集的用户集合为（U），用户访问地点集合为（Ω），环境 M = 1，2，…，移动社交网络用户移动轨迹模型如图 2-4 所示，通过对环境的分类我们将不稳定的瞬时的时间不一致的用户群轨迹分解为在不同环境中较短的移动轨迹，分解的轨迹是静止的，稳定的和时间均匀的短轨迹。通过观测用户活动地点（如线下购物地点、城市中签到不同的地点），来捕捉的不同潜在环境。例如，若观测到的活动地点多集中于旅游景点、大型购物商场、快餐店、机场，则说明用户所处的环境是“旅游环境”，若足迹多分布在居民区、写字楼、食堂，用户所处的环境则是“日常环境”，前者的规律性比后者规律性要弱，轨迹可预测性更低。

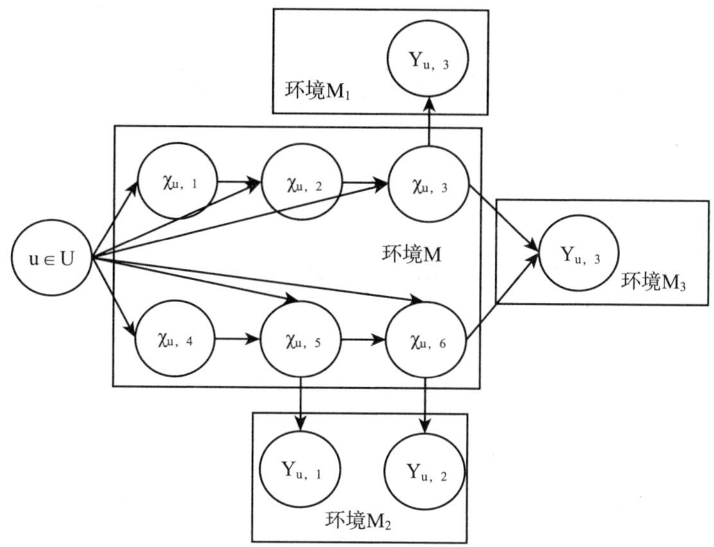

图2－4　移动社交网络用户移动轨迹模型示意

环境 M＝1，2，…，是用户访问地点集合 Ω 上的一个潜在加权集团，符合先验分布。

$$GM=(\Omega,\ EM),\ w(\cdot,\ v)=w\_v\sim Gamma(\beta,\ 1),\ \forall v\in\Omega \tag{2-5}$$

我们定义运算符|·|为集合的大小，⊗表示外积。在用户 $u\in U$ 移动到另一个环境 M′之前，会在第 t 次访问时（t≥1）生成长度为 B＋1 的“序列轨迹”。

$$(Xu,\ 1,\ \cdots,\ x_{u,t+B})\in\Omega^{B+1},\ B\geqslant 1 \tag{2-6}$$

用户 $u\in U$ 的整个轨迹 $x_{u,1}$，$x_{u,2}$，…，是这些地点的级联。将用户在环境 M 上的随机移动建模为具有地点访问次数 $\tau_{u,t}\sim\lambda(M)$（即保持时间或停留时间）的半马尔可夫过程，访问次数取决于用户偏好 $\pi_{M'|u}$与当前环境 M。用户在环境 M 中的移动轨迹是一个具有随机 $\Omega\times\Omega$ 转移概率矩阵的半马尔可夫链。

$$P_M\sim(I-diag(diag(\Phi M)))^{-1}(1\otimes diag(\Phi M)) \tag{2-7}$$

对于一组兴趣图谱与关系图谱均有交集用户群体轨迹 $\{(x_{u,1},\ x_{u,2},\ \cdots):\forall u\in U\}$ x_u，$t\in\Omega$，t≥1，我们可以得到地点访问次数分布 λ(M)，并得出该用户群最常访问的地点集合。在环境 M 中，用户在时间 $\tau_{u,t}$，…，$\tau_{u,t+B}$访问 $x_{u,t}$，…，$x_{u,t+B}$的概率为：

$$P(x_{u,t},\ \cdots,\ x_{u,t+B},\ \tau_{u,t},\ \cdots,\ \tau_{u,t+B}\mid M) \tag{2-8}$$

$$\prod_{K=0}^{B-1}P_m(x_{u,t+k},\ x_{u,t+k+1})P(\tau_{u,t+k}\mid M)P(\tau_{u,t+B}\mid M)$$

对于用户 $u\in U$，我们捕捉到该用户访问此地点行为的概率为：

$$P(x_{u,t},\ \cdots,\ x_{u,t+B},\ \tau_{u,t},\ \cdots,\ \tau_{u,t+B}\mid u)=\sum_{k=1}^{\infty}P[\zeta]P(\tau_{u,t+B}\mid M)\ \pi_{M\mid\alpha\zeta,u}$$

$$\times \prod_{K=0}^{B-1} P_m(x_{u,t+k}, x_{u,t+k+1}) P(\tau_{u,t+k} \mid M) \quad (2-9)$$

其中，P[ζ] 符合狄利克雷过程的 Stick Breaking 模型。联立公式得到描述轨迹的方程：

$$P(x_{u,t}, \cdots, x_{u,t+B}, \tau_{u,t}, \cdots, \tau_{u,t+B} \mid u) \propto \sum_{k=1}^{\infty} P[\zeta] P(\tau_{u,t+B} \mid M) \pi_{M \mid \alpha\zeta,u}$$

$$\times \prod_{K=0}^{B-1} P_m(x_{u,t+k}, x_{u,t+k+1}) P(\tau_{u,t+k} \mid M) \quad (2-10)$$

下面采用目前应用最广泛的 Gibbs 抽样方法来估计模型参数，先给定一个大小为 B+1 的序列，将用户轨迹转换成一个数组集 D。

$$(u, x_{u,t}, \cdots, x_{u,t+1}, \tau_{u,t+2}, \tau_{u,t}, \tau_{u,t+1}) \in D, \ t \geqslant 1 \quad (2-11)$$

在 $t \geqslant 1$ 的情况下，这个数组代表用户 u，轨迹 $x_{u,t}$，…，$x_{u,t+B}$和地点访问次数，$\tau_{u,t}$，…，$\tau_{u,t+B}$，在隐马尔可夫模型中我们用到吉布斯抽样方法进行近似推断，并将 D 中的数组分配给一个环境。在初始赋值之后，我们计算每个用户 u：$nu = P\forall(u0, \cdots) \in D1(u=u)$ 的数组数，可以得出：

$$\pi_{M \mid \alpha\zeta,u} = \frac{e_{m,u} + \alpha\zeta(M)}{n_u + K\alpha\zeta(M)}, \ \Phi M(i) = \frac{c_{i,m} + \beta}{\alpha M + |\Omega|\beta} \quad (2-12)$$

接下来执行 Collapsed Gibbs 抽样在整个数据集上的迭代并将地点访问次数的概率纳入考虑范围，可以得到以下概率预测模型：

$$P(\tau_{u,t} \mid M) \propto \frac{b_{>}\tau_{u,t}, \ M^{+1}}{nm + K} \quad (2-13)$$

该模型可以在每个用户集的子集上进行同步学习，能极大似然预测和排序用户的下一步可能的移动地点，对用户 $u \in U$ 下一可能移动地点 $\bar{x}_{u,t+1} \in \Omega$ 的个性化预测是基于与用户匹配的用户群体 U，最近访问地点 $x_{u,t-1}$，…，$x_{u,t-B}$和地点访问次数 $\tau_{u,t-1}$，…，$\tau_{u,t-B}$。在环境 M 中，用户到达地点 $x_{u,t}$，…，$x_{u,t+B}$的概率。

$P(M \mid u, x_{u,t-1}, \cdots, x_{u,t-B}, \tau_{u,t-1}, \cdots, \tau_{u,t-B})$ 为：

$$P(\bar{x}_{u,t+1} \mid u, x_{u,t-1}, \cdots, x_{u,t-B}, \tau_{u,t-1}, \cdots, \tau_{u,t-B}) =$$

$$\prod_{K=1}^{B-1} P_m(x_{u,t-k}, x_{u,t-k+1}) P(\tau_{u,t-k} \mid M) \pi_{M \mid \alpha\zeta,u}$$

$$\times \frac{\frac{K}{M=1} P_M(x_{u,t}, \bar{x}_{u,t+1})}{\sum_{M=1}^{K} \prod_{h=1}^{B} P_m(x_{u,t-h}, x_{u,t-h+1}) P(\tau_{u,t-k} \mid M) \pi_{M \mid \alpha\zeta,u}} \quad (2-14)$$

该模型具有能够自己进行用户特征学习的特性，能将新用户的移动轨迹包含在内，移动社交网络用户地理社交数据集越庞大该模型的预测结果越精准。

2.4.3 用户行为感知预测与个性化匹配

得到具有社会友谊的移动社交网络用户群体移动模型后，我们将用户特征进行相似度计算并对比匹配，找到与用户特征相似的用户群体：

$$\text{sim}(\text{user}, U) = \frac{\text{user} \cdot U}{\|\text{user}\| \cdot \|U\|} \tag{2-15}$$

其中，所得值越接近 1，则用户与用户群体的相似度越高。

由于地理位置在此基于社会友谊和人群移动的个性化推荐模型中的重要性，本章将再单独进行地理位置相似度的计算从而更进一步精确计算用户与用户群体间的相似度。地理位置相似度的计算数据来自移动社交网络用户使用应用期间的定位数据。假设用户 u 所处的坐标为（lat_u，lon_u），用户群体 U 的中心地理位置为（lat_U，lon_U），则用户 u 与用户群体 U 间的距离为：

$$d(u, U) = \frac{R \cdot \arccos(\text{Num}(u, U)) \cdot \pi}{180} \tag{2-16}$$

其中，R 为地球半径。用户与用户群体 U 的中心地理位置的距离值越大，其地理相似度越低，反之则相反：

$$\text{sim}_{geo}(u, U) = \frac{1}{d(u, U)} \tag{2-17}$$

将该用户群体已经明确喜欢的信息服务聚类作为该用户的候选推送服务项。设用户群体对该服务 s 的兴趣评分为 r_{Us}，则该目标用户对于服务 s 的兴趣程度如下：

$$P(u, s) = \sum_{\vee \in I(u,k) \cap N(s)} W_{uU} \times r_{Us} \tag{2-18}$$

综合比对移动社交网络用户与用户群体之间包括地理数据与社交数据在内的各个特征项，为用户匹配与其特征标签最贴近的用户群体，隐马尔可夫模型能够准确预测用户所处的潜在环境与移动轨迹。基于此，移动应用平台便能够生成符合用户偏好与其使用应用环境的信息服务并精确推送到用户的应用界面上，从而减轻用户阅读负担并增强用户黏性。

2.5 本章小结

基于地理社交数据、人群移动、用户兴趣图谱与社交图谱的个性化推送服务致力于寻找用户兴趣与移动轨迹之间的联系与契合点，为移动社交网络用户提供了更加贴切生活实际的个性化信息推送服务。以往针对用户的精准推送服务研究中往往忽略了社交关系、地理位置与人群移动三者的耦合对于提高信息推送精准度的重要作用。针对此研究现状，本章将用户的兴趣图谱与社交图谱进行必要的区分并提出社会友谊的概念，根据大规模用户群体在社交软件中积累的位置历史与社交关系图谱信息建立人群移动轨迹预测模型，结合用户使用 App 习惯为其提供个性化服务的定制与推送，填补了该研究领域的空白。该模型将地理位置、人群移动、用户的关系图谱及兴趣图谱进行融合，提供了一个基于地理社交数据个性化服务的通用框架，对于提高信息服务个性化推荐精准度起到了积极的作用。

本部分研究工作融合地理位置、人群移动和社交关系提高信息服务个性化推荐精准度，将用户的兴趣图谱与社交图谱进行必要的区分并提出社会友谊的概念，根据大规模用户群体在社交软件中积累的位置历史与社交信息建立人群移动轨迹预测模型，推测与该用户群体兴趣爱好和背景属性相似用户的活动轨迹，结合用户使用 App 习惯为其提供个性化服务的定制与推送。使用新浪微博应用程序编程接口与网络爬虫对用户地理社交数据进行抓取，利用降维归约、基于主题熵的诊断权重计算用户间相似性、马尔可夫模型、协同过滤等手段，建立人群移动轨迹预测模型。提供了基于地理社交数据、社会友谊与人群移动的用户个性化信息服务推荐的通用框架，可以针对其目标人群构建特定的个性化推荐系统。如何在隐私保护与推荐精度两方面寻找一个平衡点是我们下一步需要考虑的问题。

然而，基于地理社交数据的个性化服务定制需要大量用户地理信息以及社交信息，这使得正在使用相关个性化服务的移动社交网络用户面临严重的个人隐私信息泄露问题。由于目前与用户权益息息相关的个人隐私保护法律法规还不够完善，部分用户会关闭移动终端的定位功能并拒绝应用程序获得位置信息的请求，因此造成了高精确度地理社交数据稀缺的局面，缺乏大规模用户数据的支撑该模型的推荐精度在一定程度上会降低。个性化服务的出现顺应了时代的潮流，解决了用户面对海量繁杂信息无从下手的问题，如何隐私保护与推荐精度两方面寻找一个平衡点是下一步需要考虑的问题。

第 3 章

社交网络集群隐社交行为获取

3.1 用户信任度和社交行为

移动社交网络是一类新兴的大型分布式系统，集成了社交计算服务和移动设备，允许移动社交用户发现并与朋友互动，让用户享受更多的分布式网络服务。然而，当移动用户随时随地尝试与他人互动，就会存在一定的风险。因为这样的移动社交网络中的用户没有任何预先的互动，在参与的用户之间建立一个可接受水平的信任关系变得越来越重要。

移动社交网络本质上是一个拥有用户之间信任关系的动态虚拟网络。许多社交移动应用如微信、微博、Facebook 等都稳步增长，基于移动社交网络的应用已经无处不在。因此，在移动社交环境下，多样化的移动应用产生了各种信息和数据。在这样新颖的移动社交范式中，每一个移动设备都扮演着自己的角色，这些输出都被收集在移动社交网络中，这样的环境允许资源共享和计算负荷的分担，该环境下数据的数量、复杂性都呈爆炸性增长。收集有关用户体验的数据是可能的，因此测量用户数据的信任度的方法是必要的。在智能手机的网络环境中，许多人主要通过社交网络服务和他们的朋友进行交流。移动用户通过互动行为在他们的移动社交网络中共享他们的角色，通过他们的行为表现来增加自己同周围接触用户之间的总体可信度。然而，在线社交关系总是取决于一种基于物理世界的关系。因此，本章可以通过存在于群体中现实世界中的一些属性，来推断用户的信任关系的水平，从而来支撑在线群体的信任关系。

在移动社交网络中，用户间可以随时随地进行即时沟通，个人和远程交流模式之间的差异正在减少。传统的远程交流中所熟知的一对一的交流方案将会越来越多的辅助与分组联系，就像现实世界中的社交。因此，面对未来移动社交服务中的信任关系，必须充分解决相关的问题。尤其是，应该促进信任交流，并为信任值的计算提供支持。

本章提出了一个根据分组的隶属关系来计算联系评分排名的方法。根据紧密联系的一维信任关系，构建了一个全局社交信任模型，并提出了基于联系等级和组群同质性的量化信任关系的方法。不仅有助于决定移动环境下的交流路径，而且有助于通过对用户间关系的信任度的排名解决增长的用户行为的可信度的安全问题。

本章的主要工作如下：

(1) 提出了一种集群算法，可以通过分布式的分区来产生一个集群的细粒度层次结构，并可以提取实际的群体，以应对重叠的集群。然后，本章构造了隐社交行为图，它包含了用来评估信任关系等足够多的信息。

(2) 本章提出了一个基于集群结构的移动社交网络的分层可信计算模型。根据联系、互动评估和用户的属性的水平计算组内的信任值（分组信任值）。基于组内信任讨论了信任值的聚合和传递，可以计算出全局移动社交网络（移动社交网络）中的集群信任和间接的信任值。

(3) 通过仿真结果评估信任模型的性能，所得结果证明了基于移动社交网络的信息共享系统的行为关系的集群组的有效性。

3.2 定义和概念

3.2.1 隐社交行为

设U是设定的论域，f和h是随机函数，并有一个稳定的趋势f：分别是：U→[0, 1] 和h：U→[0, 1]。为了讨论的方便，本章定义用户i和用户j，R之间的关系模型作为一个元组 <f, h, j>。

定义3.1：对于移动社交网络G中任意两个用户i和j，它们之间的信任关系R，表示为用户j和用户i的信任度和信任值，并且可以被定义为：

$$tr_{ij} \triangleq R < Ex_{ij},\ WEn_{ij},\ j(i,\ j) > \quad (3-1)$$

其中，Ex_{ij}是一个预期的信任值，WEn_{ij}是一个加权熵，j(i, j) 是一个Jaccard相似系数。

tr_{ij}是信任空间的基本元素。据定义3.1，Ex_{ij}表示j对于i的基本信任度。WEn_{ij}反映用户i和用户j之间的信任关系的重要性，因为用户i，j(i, j) 反映了用户i和用户j的均一水平。

定义 3.2：对于用户 i 和在第 k 组用户 i 的 g_{ik} 中的用户 j，该组内的信任显示了用户 i 和相同组的其他人的信任关系，并且可以定义为一个元组：

$$g\_trust_{ik} \triangleq <\hat{tr}_{ij},\ p_{ik}> \tag{3-2}$$

其中，$\hat{tr}_{ij}$ 是 tr_{ij} 的标准值，即 $\hat{tr}_{ij} \triangleq <\hat{EX}_{ij},\ \hat{WEn}_{ij},\ \hat{J}(i,\ j)>$。$p_{ik}$ 是在组 g_{ik} 中的用户的相似度系数组，并反映 g_{ik} 的身份。

用户 j 可以属于多个集群组 G_i，给集群信任的定义如下。

定义 3.3：假设用户 j 同时属于集群 i 的组 g_{i1}，g_{i2}，…，g_{ik}，该集群信任和 c_trust_i 是集群 i 内的组内信任的聚合。

3.2.2　隐社交行为图形的概念

在移动社交网络中，大部分参与者经常通过移动手机在多人之间组织并协调活动。参与者被分成不同的群体（例如，组），组之间的交流通常是与存在于现实生活中群体中的成员进行的，如一个项目组的成员、同学或家人。在这样的移动社交网络服务中，用户连接到彼此以显示关系，从而得出社会行为图，其中相关用户通过关系连接。为了捕捉到在同一组中两个用户之前的关系的力量，本章提出了隐社交行为图形（以自我为中心的图形），一个隐社交行为图形是一个社交图的一种特殊形式。它是高度连接的移动社交网络的顶点的子集，并且是由感兴趣的用户（Iuser）和他/她的直接相邻组成。在隐社交行为图形中的边有两个方向和权重。边的方向由它是否是由用户传出的发出联系形成的，还是由用户接受的呼入交流来确定的。以自我为中心的用户和直接的相邻之间的边的权重是由联系行为模式决定的。该以自我为中心的用户 i 的隐社交行为图形被表示为 Iuser-i 图形，如图 3-1 所示，为一个 Iuser-i 图形的例图，为了简单，其中边的方向被忽略了。

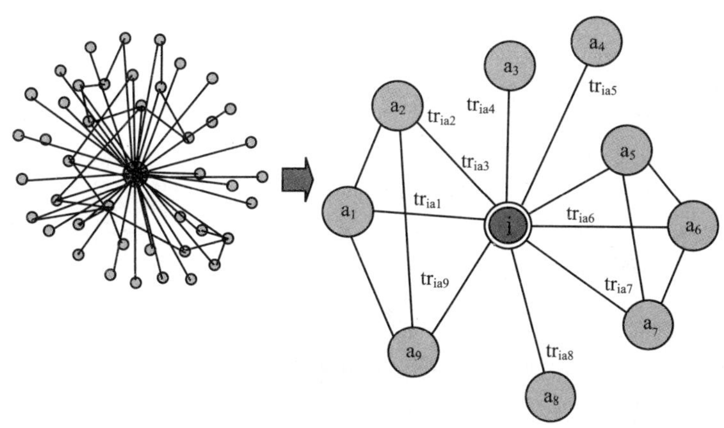

图 3-1　感兴趣的用户间结构

在移动社交服务中，个人是社交的动机，并受到社交网络的功能范围之外的个人的影响，并且服务协议不是关键问题。因此本章使用社交激励机制和底层现实世界作为信任的一个替代的基础。如图 3 - 2 所示，给出了在微信中一个真实的隐社交行为图形的拓扑。示例图显示出了特征性结构，这是现实世界中常见的大多数隐社交行为。有变化的组被密集地连接在一起，但只与网络的其余部分有稀疏的关联。这些密集区域是由于群体的社交特性而存在。群体中的成员通常都认识对方，因此形成了紧密的子连接图。另外，一个群体的其他成员不认识其他群体的成员，导致了一个稀疏的相互联系。如图 3 - 2 所示，每一个以自我为中心的用户可以有多个组，每个组用不同的颜色标记。例如，用户 i 和用户 j 有三组，如家（红线）、同学（绿线）和同事（蓝线）。换句话说，Iuser-i 图形和 Iuser-j 图形中分别有三个交流组。

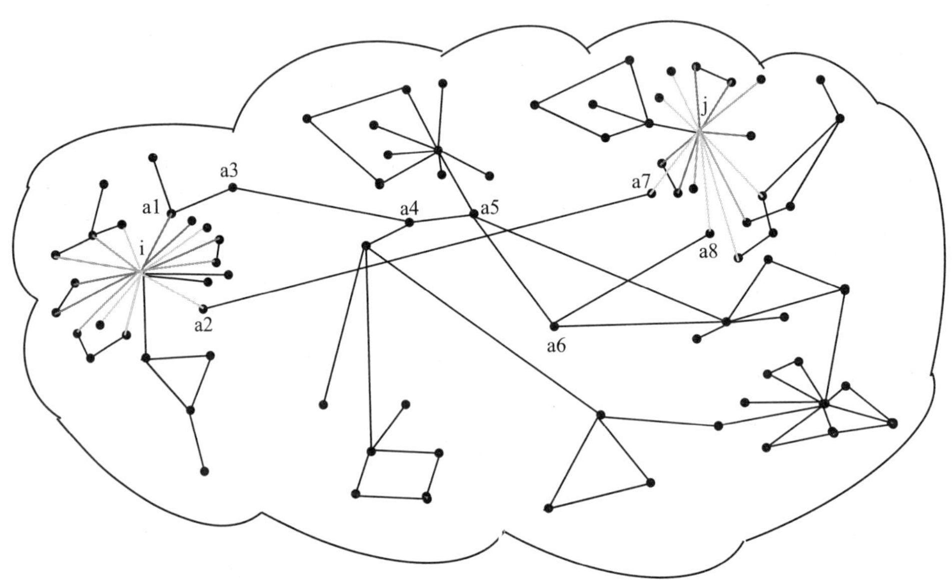

图 3 - 2　从微信中检索到的一个真实的隐社交行为

图 G = G(V, E) 表示一个移动社交网络系统，顶点的集合 V 表示用户（节点），边的集合 E 表示这些用户之间的关系。如果用户 i 信任用户 j，就会存在一个从用户 i 到用户 j 方向的边，反之则相反。忽略边的方向，并且每个边意味着都是双向边。假设图 G 可以被划分为多个子图，如图 3 - 3 所示，假设在 G_i 中有 N_i 个点。在 G_i 中的每个边由发送和接收联系形成的。根据上面的讨论，每个 G_i 是一个 Iuser-i 图形，尽管它可能由单一的节点组成。接下来，将交换着使用术语“Iuser-i 图形”，“G_i”和“集群”。个体被作为一个“朋友”加入其中，意味着至少用户 i 对于被添加个体有一定的了解。个人之间的这种连接可以用来推断存在于它们之间的信任关系。但是，它没有描述信任或上下文的关系水平。因此，提供一个定量描述信任关系的方法是重要的。

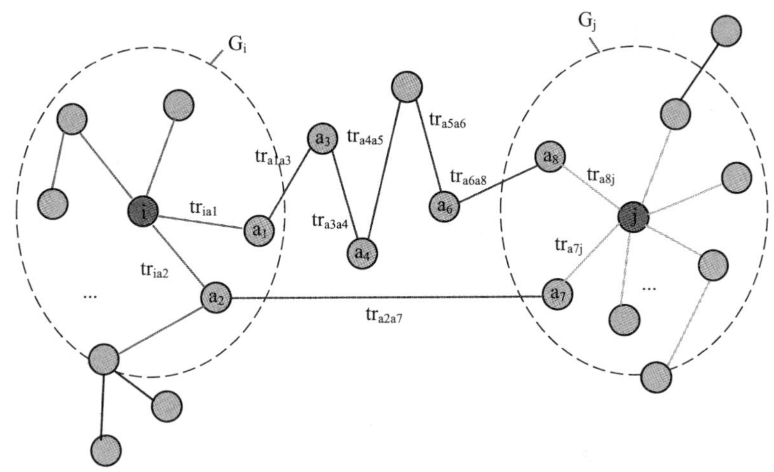

图 3 -3　隐社交行为图形和它们的信任关系

我们认为社交网络中用户之间的社交信任关系可以由没有外部限制的用户交流行为所推断。这种信任表示在同一组中的用户之间的信任关系，并被称为组内信任。基于组内信任（见定义 3.2），可以得到在一个集群中的用户之间的信任值，把这个信任值称为集群的信任。然而，促进使用显式或隐式社交网络关系来促进信息的扩展是不容易的。因此，使用用户的集群信任来建立一个全局信任社交网络是十分重要的，并且在推断信息的过程中利用社交网络的集成。

3.2.3　γ – Distance 信任和信任传递

在本章模型中，每个用户 i 跟踪到它的每一个相邻节点 j 的信任关系 tr_{ij}，假设信任关系只存在于相邻用户之间，并且不是被连接的用户可能与其他人有一个信任关系。然而，两个这样的用户可能会通过网络中信任路径被直接连接到对方。因此作一个假设，信任可以通过关系路径在适当的距离范围内被传递。此外假设信任距离表示的路径的长度来自源用户到目标用户，并且所述距离被表示为两个用户之间路径的节点数量。如果用户的数目等于 γ，本章记为 γ – Distance 信任。γ – Distance 信任是指被给予一个用户的信任是 γ – Distance 路径连接到用户节点的，这个用户节点是处于从当前用户到目标用户的路径中。如图 3 –4 所示，在用户 i 到目标用户 j 之间有一个 2 – Distance 信任。如果 γ = 0，即 0 – Distance，用户和目标用户之间有直接的连接关系，相应地，信任是直接信任，直接信任可以被表示为 0 – Distance 彼此信任，并且所有的相邻节点对于彼此都是 0 – Distance 信任。另一方面，我们将遥不可及的两点之间的信任定义为∞ – Distance 信任。如图 3 – 4 所示，用户 m 和用户 j 之间的信任关系，用户 k 和用户 l 之间的信任关系分别是∞ – Distance 信任和 0 – Distance 信任。

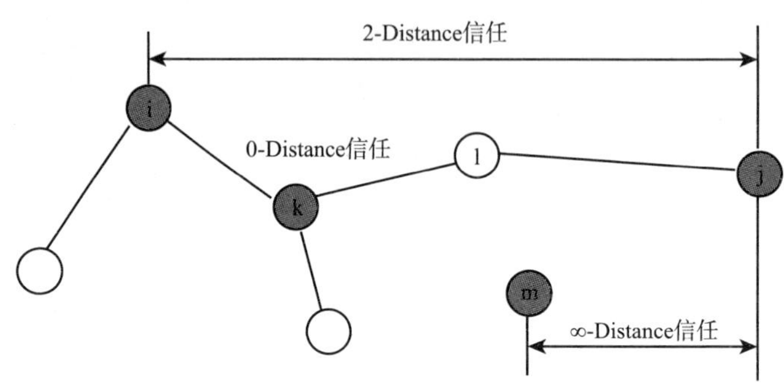

图 3 – 4　γ – Distance 信任

根据作为那条路径上连接的信任值的产物的关系路径来计算信任值。间接相邻之间不止有一条路径，每一条路径都有它自己的信任值。换句话说，如果 i 信任 j，j 信任 k，然后 i 基于这些知识应该有一个更积极的观点“k”。如图 3 – 3 所示，用户 i 和用户 j 之间有两条可信任的路径，即 tr_{ia1}：tr_{a1a3}：tr_{a3a4}：tr_{a4a5}：tr_{a5a6}：tr_{a6a8}：tr_{ia8j}和 tr_{ia2}：tr_{a2a7}：tr_{a8j}分别是 6 – Distance 信任和 2 – Distance 信任。在本章模型中，信任距离的计算伴随着信任路径中信任值的增加。将会在第 6 节中解决这个问题。

3.3　构建隐社交行为图形

从图 3 – 2 中，可以发现有一些密集的连接子图和属于多个组的部分用户。该密集的连接子图是由群体中的成员组成，并且这些子图是使用一个集群算法从一个图形中提取出来的。一个群体检测算法应该提取实际的群体，需要算法来处理重叠的组。本章采用基于 CONGA 算法，这个算法扩展了广泛使用的 Newman 和 Girvan 算法。本章的算法被用来提取实际的群体，并能处理重叠集群。如前所述，G = G(V, E) 是一个包含所有顶点的移动社交网络系统。先从 G 点开始，通过分布式分区产生一个细粒度集群的层次结构。分区方法可以被重复，直到所有的节点形成单个节点的集群，这是该层次结构的水平。本章的算法是基于三个基本操作，即 CalEdBetw(e, G)、splitting(v) 和 SplitVerBetw(v, G)，如表 3 – 1 所示。

表 3－1　基本算法运算符

运算符	描述
CalEdBetw（e，G）	计算 G 中所有间对的顶点之间沿 e 通过的最短路径的数量
splitting（v）	一个顶点 v 可以通过将它的相邻组分成不相交的集合 s_1 和 s_2 来得到分割。然后，v 被两个虚拟节点 v_1 和 v_2 所取代，它们被一条边 e_v 所连接。s_i 组的每个节点都和 v_i 相连
SplitVerBetw（v，G）	在所有分区为 s_1 和 s_2 中，计算 CalEdBetw 的最大值（e_v，G）

因此，本章算法的主要思想如算法 1 所示。

算法 1：集群的算法框架

```
Input V  //节点集合；E  //边集合
Output cluster  //用户 i 的簇;contactij //用户 i 和用户 j 间的关系
repeat
  for Each edge  e∈E  do
     Calculate Ebete = CalEdBetw(e,G),of edge  e∈E
  end for
  Ebetmax = MAXEbetee∈E；//MAXEbete 从 Ebete 获得最大值
  for Each node  v∈V  do
     Calculate node Sbetv = SplitVerBetw(v,G),of  node  v∈V
     end for
   Sbetmax = MAXSbetvv∈V；//MAXSbetv 从 Sbetv 获得最大值
     if Sbetmax > Ebetmax  then
        splitting(v)
     else
        Delete the edge e with maximum Ebetmax
     end if
until E = ∅//边遍历结束
```

一个隐社交行为是由一个用户发起的（即发起人），然后发起人可以邀请一组联系人参加。我们使用初始化算法来推荐一个发起人，初始化算法依赖于以下原理：发起人属于不同的群体，并同时和一个群体中的多个成员进行交流。为了给以自我为中心的用户和他的直接相邻之间的每一个联系进行打分，提出了一个根据每一个用户（直接相邻）的分数进行排名的机制。该排名机制的思想是联系的排名高的用户与已经被邀请的人分享很多的群。对于每一个在被邀请的群里出现过的人，一个联系的分数增加 1。如果分数相同，用户可以根据字母顺序列表（升序或降序）来继续邀请过程来排名。排名实例如图 3－5 所示。

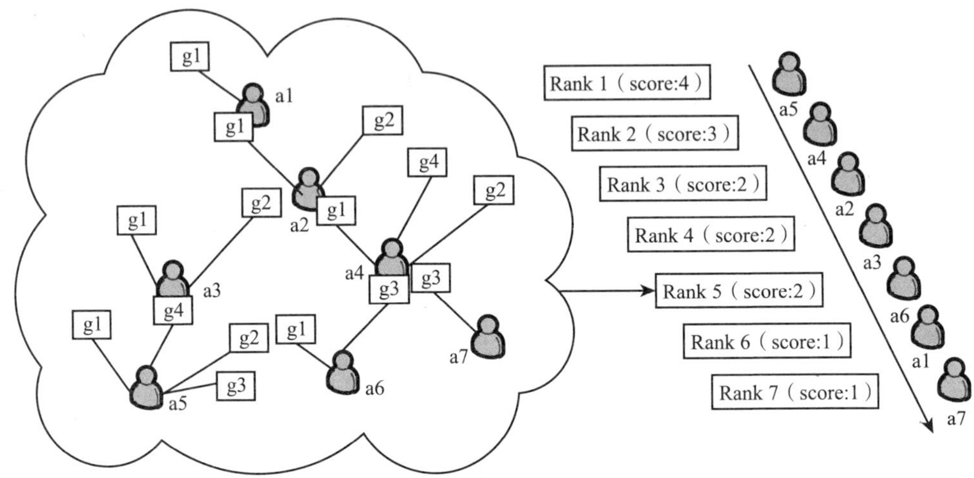

图 3－5　根据组的属性关系对联系进行评分排名

每当用户希望发起一个隐社交行为图形，他/她发起一个新的组并开始选择第一联系。接着，引擎提出一个名单列表，在名单中的人与被挑选联系分享一个或多个群体。这个列表是根据相关性进行排序，它是由共享的群体的数目给出的。选出一个分数最高的联系到发起人，并且重复这个过程，直到该组执行完毕。

3.4　分组的信任值

分组的信任值表示一个 0－Distance 信任。如上所讨论的，系统包含多个分裂层次组，每个组接近现实生活中的群体，像同学、学院研究者、家庭成员等等。首先计算组内的信任值，然后将不同组的基于组的信任值和集群信任值相结合。用联系行为和用户属性来计算信任值。

3.4.1　联系等级

联系等级（简称 CR）表示联系和被直接连接的用户之间的关系水平，它是通过用户和一个特定的隐式组之间的交流交换的总数来计算的，对每一个联系进行加权并作为它的近因函数。换言之，它们属于相同的组。CR 的值表示在他/她的隐式组中的用户 i 和用户 j 之间的关系强度，并作为隐式图形的权重。为了捕捉组的重要性，使用联系的频率和联系的方向来计算 CR。如果组 g_{ik} 中的用户 i 和用户 j 之间的连接频率高于组 g_{ik} 中用户 i 和用户 h 之间的联系频率。使用 $IA_i \rightarrow j$ 和 $IA_j \rightarrow i$ 分别标记由用户 i 发起的互动和不是用户 i 发起的互动。此外，使用 $IA_{down}(i)$ 标记由用户 i 发起的一系列的互动。否则，使用 $IA_{up}(i)$。通过联系的权重表示联系频率的重要性，并假设联系的权重随着时间以速率 λ 呈指数衰减。此外，假设来自当前时间的联系对一个组的联系等级有一个贡献，而来自 λ 之前的联系对一个组的联系等级有 1/2 的贡献。因此，可以由公式（3－3）和公式（3－4）分别获得 IA_{down} 和 IA_{up}。

$$IA_{down}^{weight}(IA_i \rightarrow j,\ j \in g_{ik}) = \sum_{IA_i \rightarrow j \in IA_{down}(i)} \frac{1}{2}^{\frac{t_{current} - t(IA_i \rightarrow j)}{\lambda}} \tag{3-3}$$

$$IA_{up}^{weight}(IA_j \rightarrow i,\ i \in g_{ik}) = \sum_{j \rightarrow i \in IA_{up}(i)} \frac{1}{2}^{\frac{t_{current} - t(j \rightarrow i)}{\lambda}} \tag{3-4}$$

其中，$t_{current}$ 是当前的时间。

将组 g_{ik} 中的用户 i 和用户 j 之间的联系等级标记为 CR(i，j)，其中，$j \in g_{ik}$。互动的方向意味着一个联系是否由用户 i 发起的。通常，用户发起的联系比这些不是他/她发起的联系更有意义。为了标记不同方向的联系的不同的重要性，定义了一个系数 $\alpha(0 \leqslant \alpha \leqslant 1)$，它表示相关的重要性。然后，本章获得了公式（3－5）：

$$CR(i,\ j) = \alpha IA_{down}^{weight}(i \rightarrow j) + (1-\alpha) IA_{down}^{weight}(j \rightarrow i) \tag{3-5}$$

3.4.2　互动的演变

用户的互动伙伴的演变表示了用户和组的亲和度。通常，如果一个用户有长期的联系伙伴组，那么用户在这些伙伴之间就有很高的信任度。为了捕捉用户的互动伙伴的演变的关键方面，本章定义了一个长期的互动配给的指标。对于组 g_{ik} 中给定的用户 j，让 $IR(\tau_1)$ 和 $IR(\tau_2)$ 分别在时段 τ_1 和 τ_2 内成为互动伙伴组，用户 j 的长期用户配给可以被获得如下：

$$\eta_{ik}^{j} = \frac{|IR(\tau_1) \cap IR(\tau_2)|}{|IR(\tau_1) \cup IR(\tau_2)|} \tag{3-6}$$

根据公式（3－6），如果用户 i 的联系在时段 τ_1 和 τ_2 内的联系与用户组不相交，那么 $\eta_{ik}^{j}=0$。然而，如果用户 i 有一个长期的联系伙伴组，那么指标将会大于 0，并随着长期的联系伙伴数量的增长而增长。

3.4.3 基于属性的用户身份识别

该组的身份可以从用户个人档案的属性中提取，如职业、子公司、年龄、地址、国籍。对于分布式社交云环境，如果每个隐行为图形的边都有一个表示两个用户之间关系的“标签”，它将会更有用。例如，两个用户具有“同一个大学的同事”“同一个研究所的成员”的关系等。用户有可以表示不同区域的属性（即职业、子公司、年龄、地址、国籍）。可识别的属性可以区别用户或者组的不同之处。假设用户 i 有 n 个类型的属性即 a_1，a_2，…，a_n，那么，用户 i 被标记为一组属性的 n 个类型，如公式（3－7）中所示。

$$\text{user}(i) = \{a_1, a_2, \cdots, a_n\} \tag{3-7}$$

让用户（i）a_k 表示用户 i 的属性 a_k 的 i，让 $\text{user}(i) \cap \text{user}(j) = \{<\text{user}_i, \text{user}_j>\}()$ 表示用户 i 和用户 j 之间的关系，它们共享相同的属性，即 $\text{user}(i).a_k$，$\text{user}(j).a_k$。让 $U = \text{user}(i) \cap \text{user}(j)$ 和 $\text{user}(i) \cup \text{user}(j)$ 成为用户（j）和用户（i）的组合。为了计算用户 i 和用户 j 的相似性，本章确定了共享相同属性的用户的 Jaccard 相似系数值，公式（3－8）如下：

$$j(i, j) = \frac{|U|}{|\text{user}(i) \cup \text{user}(j)|} \tag{3-8}$$

j(i，j）是指用户 i 和用户 j 的属性的相似程度，并且 j(i，j）=1 意味着用户 i 和 j 有相同的属性。值越大，用户 i 和用户 j 的属性被共享得越多。为了计算组的身份，本章获得了用户的平均相似程度如下：

$$p_{ik} = \frac{\sum_{j \in g_{ik}} j(i, j)}{n} \tag{3-9}$$

3.4.4 评测局部参数

局部参数的评测是挑战的一部分。关键的是要确定后来分析中的测量指标的分布。在本章的例子中，从大量的用户交流的细节日志中收集了联系人记录，该日志包含了属于每一个互动的各种细节，例如，谁发起了这个联系，什么时候发起的等。这些记录中的每一个都记录了联系发向谁，并且记录了每一个相同组中出现的发起者。除了该组的多样性外，还通过收集在 τ_1 和 τ_2 两个时段（一个月之久）内的每一个组内的记录来并入时间的多样性，它需要一个月的时间来分离。我们主要考虑互动的最终成功联系，而适度忽略时间中的过程联系。用户的交流细节日志包括每一个联系的许多领域。兴趣指标是互动各方（联系的源和目的地）、互动的持续时间和互动计数（每个发起和收到的互动的数量）。我们运用这些数据组来评测这些指标的经验密度函数，使它们适应于本章预计效果最好的标准的统计分布。对于每一指标 *，可以通过 $x \in \{\tau, 2\tau, 3\tau, \cdots\}$ 中选择一个合适大小的波段来评测指标 * 的概率分布函数（PDF），如公式（3-10）所示。

$$\text{prob}(x) = \frac{\left\| * \in \left[x - \frac{\tau}{2},\ x + \frac{\tau}{2}\right] \right\|}{\tau \cdot \| * \|} \tag{3-10}$$

公式（3-10）的右边使用间隔内的 * 的观察的经验概率。选择的 τ 要足够大，以便于经验概率可以被很好地评测。

3.4.5　计算分组的信任值

如上所讨论的，用户之间的联系是推断组的信任值的一个基本元素。另外，也要考虑用户属于的组的影响。因此，最终的组内信任值，即 0 - Distance 信任值是根据行为的信任和亲和度的信任的组合计算出来的。根据公式（3-11）计算组内的最终信任值。

$$Ex_{ij} = \eta_{ik} \cdot CR(i, j) \cdot (1 + j(i, j)) \tag{3-11}$$

根据定义 3.1，使 Ex_{ij} 的值规范化如下：

$$E\hat{X}_{ij} = \frac{Ex_{ij}}{\sum\limits_{l=1} Ex_{il}} \tag{3-12}$$

其中，N_k 是 g_{ik} 中的用户的数量，根据公式（3-13），计算 WEn_{ij}：

$$WEn_{ij} = Ebet_{ij} \cdot Ex_{ij} \cdot \log(Ex_{ij}) \tag{3-13}$$

其中，$Ebet_{ij}$ 是从算法 1 获得的。根据公式（3-14），计算 $W\hat{E}n_{ij}$：

$$W\hat{E}n_{ij} = -Eb\hat{e}t_{ij} E\hat{x}_{ij} \log(E\hat{x}_{ij}) \tag{3-14}$$

其中的 $Eb\hat{e}t_{ij}$ 可以根据公式（3-15）计算出来：

$$Eb\hat{e}t_{ij} = \frac{Ebet_{ij}}{\sum\limits_{l \in g_{ik}} Ebet_{ij}} \tag{3-15}$$

因此，获得了分组信任模型：$g\_trust_{ik} \triangleq \langle t\hat{r}_{ij}, p_{ij} \rangle$。

3.5　集群信任值和 γ - Distance 信任值

3.5.1　集群信任值

在分布式移动环境中，不止一个陌生用户的信任群可以在许多情况下被考虑进来，因此需要聚合规范化的分组信任值。

假设用户 j 在集群 c_i 中同时属于用户 i 的 n 个组，因此根据定义 3.3，用户 i 和用户 j 之间的集群信任值可以由 n 个组进行聚合，即 g_trust_{i1}，g_trust_{i2}，…，g_trust_{in}，一个信任群值可以与一个集群信任进行以下结合：

$$c\_trust_i\ (\overline{tr_i},\ \overline{p_i})\ = g\_trust_{i1} \oplus \cdots \oplus g\_trust_{in} = \sum_{l=1} g\_trust_i(\hat{tr}_{il},\ p_{il}) \tag{3-16}$$

其中，⊕是逻辑加法运算符，$\overline{tr} = \frac{1}{n}\sum_{l=1}^{n} \hat{tr}_{il}$，$\overline{p_i} = \frac{1}{n}\sum_{l=1}^{n} p_{il}$。

3.5.2 γ-Distance γ信任值

在移动网络计算环境中，用户总是不能从他们信任的相邻能力直接获得陌生人的信任推荐，因此需要传递对于邻节点的集群信任值。

这是一个让每一个用户获得比他/她自己所经历的范围更广的网络视图的有效方法。然而，用户 i 存储的信任值仍然反映用户 i 和他/她的朋友的经验。为了得到范围更广的网络视图，用户 i 不妨问问他/她的朋友。此外，如果他/她继续这种方式，他/她就可以获得网络的完整视图。假设本地的信任值可以通过来自源用户到目标用户之间的 n-2 个用户来传递，即 $user_1$（源），$user_2$，…，$user_n$（目标），从 $user_1$ 到 $user_i$ 的信任值是 $tr_{i(i+1)}$。因此，计算从 $user_1$ 到 $user_n$ 的（N-2）-Distance 信任值如下：

$$tr_{1n}(Ex_{1n},\ WEn_{1n},\ p_{1n}) = tr_{12} \otimes \cdots \otimes tr_{(n-1)n} = \prod_{i=1}^{n-1} (Ex_{i(i+1)},\ WEn_{i(i+1)},\ p_{i(i+1)}) \tag{3-17}$$

其中，⊗是逻辑乘法运算符，$Ex_{1n} = \prod_{i=1}^{n-1} Ex_{i(i+1)}$，$WEn_{1n} = \min(\sqrt{\sum_{i=1}^{n-1} En^2_{i(i+1)}},\ 1)$ 并且 $p_{1n} = \min(p_{12},\ p_{23},\ \cdots,\ p_{(n+1)n})$。

3.6 本章小结

当前信任推理机制在建立移动社交网络用户之间的联系中起着关键的作用。本章描述了一个由用户的联系形成的隐社交行为构建算法。通过对用户的联系关系进行评分排名，从而形成一个动态联系等级，帮助用户评估移动社交网络环境中的用户之间的信任值。然后，通过联系、互动演变和用户属性的水平来计算基于分组的信任值，再通过基于不同分组的信任值的聚合来获得一个集群信任值，探讨了一个全范围的移动社交网络集群信任值的传递。最终证明了在移动社交网络的微博信息分享系统中基于分组行为关系的有效性。

本章提出了一种基于隐社交行为图形的新方法来计算移动社交网络中的信任度。在我们所提出的研究方法中，用户的隐社交行为图形可以从移动社交设备中提取，例如微信、微博和 Facebook，并被标记为一个集群。另外，一个集群可以被分为多个组，例如家庭、合作伙伴和同学。我们给每一组打分，并且给组内的用户之间的联系进行排名。为了计算分组信任的值，我们在基于用户的联系属性和个人档案的计算中讨论了联系排名和群体同质性的影响。本章还提出了一种新的量化信任管理模型，讨论了对于集群和全局可信任的计算的分组信任值的传递和聚集。

第 4 章

移动社交网络社区用户聚类模型

4.1 移动社交网络社区用户聚类

移动社交网络的快速发展，不仅加快了人们之间信息传递的速度，还扩大了人们进行信息交流的范围，已成为人们社会生活中必不可少的重要社交媒介。移动社交网络平台实现了用户之间信息的及时交互，使用户能够随时随地地获取一些重要的即时信息并对一些热点话题进行交流和思考。在移动社交网络中，用户既是信息的获取者，也是信息的发布者和传递者，这种信息传递机制的出现不仅很大程度减少了网络用户之间的社交成本，还使用户通过线上活动与某些和用户本身具有共同特征的人建立社交关系，在移动社交网络中形成与真实社会社区相似的网络结构。如何有效识别和划分这些网络社区、以社区为基本单元对社会网络的研究具有重要现实意义，正确探测出移动社交网络的社区结构不仅能够提高好友推荐、链接预测、服务用户定位以及产品营销等方面的准确性，还能为网络舆情监控领域提供重要依据。

传统的社交网络社区聚类方法主要有基于用户之间的联系和基于用户的兴趣两种划分方式，但这两种方法都只考虑到用户单个维度的信息。在多维度的移动社交网络中，用户之间存在着直接或间接的多种联系，这种联系不仅会受情感偏好的影响，还会受到与其有信任关系、社交关系的用户的影响。因此，融合多维用户社交属性信息的社交网络划分方法成为近年来该领域的研究热点。其中，传统的基于信任度的社交网络社区划分方法主要利用用户间的直接信任关系来计算用户信任度，但该方法应用于大规模的移动社交网络中会造成无法避免的数据稀疏性问题。针对此问题，文本充分考虑用户之间的直接信任关系、间接信任关系及相似信任来计算用户信任度。此外，在移动社交网络中，相互信任的主体之间的兴趣偏好可能存在差异，兴趣偏好相似的主体之间可能不存在信任关系，而偏好相似的主体之间即使没有信任关系他们也可能会划分到同一社区中。因此，在基于信任度进行移动社交网络社区划分的过程中融入用户偏好的相似性十分必要。

基于上述原因，本章综合考虑移动社交网络节点之间的关系和节点内容的相似性，针对用户噪声对社区划分造成的负面影响，提出一种基于用户偏好和信任度的移动社交网络社区聚类模型。目的是划分出节点间具有较高偏好相似度和信任关系紧密的社区，在这些社区中用户彼此信任且兴趣一致，用户能够快速准确地获取有价值的信息。该模型主要综合用户偏好相似度和信任相似度来计算节点间总的相似度，构建相似度矩阵，通过对相似度矩阵不断进行更新和合并最后得到移动社交网络社区聚类结果。本章通过构建该模型以期能够提高移动社交网络社区发现的准确度，为移动社交网络推荐服务系统、移动社交网络健康发展等提供决策支持。

4.2 相关工作

目前已存在许多社交网络社区划分方法，根据划分依据的不同主要分为以用户之间的关系为划分依据和以用户的偏好为划分依据两类。基于用户关系的划分方法有图分割法、模块度优化算法、G – N 算法、CPM 算法、标签传播法，该方法的主要思想是将个体看成复杂网络图中无差异的网络节点，根据图的拓扑结构将社会网络划分为以用户为中心的社区，这些社区具备内部联系紧密、外部联系稀疏的特征。Fideler 65 通过构建 Laplace 矩阵提出了一种谱平分法，由于在将网络划分的过程中每次只能进行平分，需要多次反复地运行算法，该方法计算较为复杂；卡波奇（Capocci）等人对谱平分法进行了改进，提出一种新的谱平分算法，但该方法在实现过程中必须计算出标准矩阵的特征值，这对于较大的网络规模而言费用较高。这些算法不仅在实现过程中存在一定的局限性，算法本身也存在不足，仅仅考虑网络拓扑结构来划分网络形成的社区并没有反映出用户之间的关系强度，忽略了社交网络中节点内容的相似性。由于移动社交网络中存在链接噪声，如果只考虑节点之间的链接关系而忽略节点之间的相似性，那么，把这些链接关系较弱或无链接关系但在内容上明显相似的节点划分到不同的社区，是完全不合理的。因此，在移动社交网络划分过程中不仅要考虑节点之间的链接关系还要考虑节点内容上的相似性。

基于用户偏好相似性的划分方法，根据个体节点内容的差异性，将社交网络划分为以偏好为中心的社区，这些社区具备内相似、外不同的特征。布达克（Budak）等人通过对用户对话及线上互动进行分析，构建了一种新的偏好预测模型，实验证实该模型能够提高用户兴趣挖掘的准确性；斯蒂文斯（Steyvers）

等人利用主题模型来预测用户发布内容的相似性，并通过实验证明该模型能够较为准确地推测出用户之间的内容相似度；麦卡勒姆（McCallum）等人分别将用户设定为接收方和发送方，构建接收方和发送方的主题模型，利用主题概率分布对社区进行划分，最后得到社会角色相同的群体。上述方法仅考虑社区特性来挖掘与社区主题特性相符的用户，同一社区内的用户偏好虽然相似，但用户之间不一定存在紧密的联系。

随着社区划分方法的深入研究，出现了综合考虑节点关系和节点内容的算法。李孝伟等从节点属性和链接关系两方面出发，应用凝聚算法实现了对社交网络社区的有效划分，但该算法没有考虑到节点间兴趣对链接属性的影响；林有芳等将个体之间的链接属性信息融合到关系紧密度中，根据其提出的边稳定系数模型和一种能表达个体间关系紧密度的完全信息图模型，实现了社区的有效划分，但该算法划分出的社区真实度不高；当（Dang）等人综合考虑节点属性特征和网络拓扑结构，提出一种基于节点相似性和模块度的社区划分优化算法，实验证明该方法能够挖掘出潜在的社区结构，但该算法不能有效识别出重叠社区。

鉴于此，本章将综合考虑移动社交网络中用户的社交属性，融合社交网络节点间的关系和节点内容的多维属性信息，提出一种基于用户偏好和信任度的移动社交网络社区发现方法，以期能够准确检测出移动社交网络的社区结构，为用户在移动社交网络中排除干扰因素、获取有价值的信息提供一定的帮助。

4.3 基于用户偏好和信任度的移动社交网络社区发现算法

移动社交网络是一个具有多维度属性信息的网络，大多数研究中多维网络的构建直接由多维信息进行加权，这种方法易混淆网络中边的含义，得到的划分结果准确度不高。针对此问题，本章将移动社交网络用户间的联系区分为能够充分反映节点间链接关系的用户信任以及反映节点内容的用户偏好，提出一种融合移动社交网络用户偏好和用户信任关系的社区聚类算法（如图 4 - 1 所示），旨在移动社交网络主体中划分出信任关系密切且兴趣偏好一致的社区。

4.3.1 移动社交网络用户信任相似度计算

信任是在特定的环境下用户之间产生的主观感受，移动社交网络中用户的行为决策，在很大程度上会受与其有信任关系的用户影响，用户更愿意与自己所信任的人进行交互，也更容易接受被信任用户的意见和观点。移动社交网络中的信

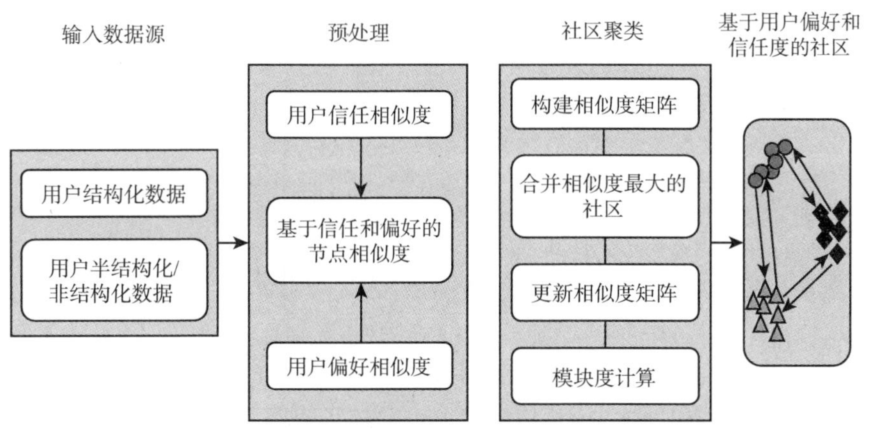

图4-1　基于用户偏好和信任度的移动社交网络社区聚类体系结构

任是指用户对服务进行可靠、安全使用的信任程度以及存在交互行为的网络主体之间的信任程度。用户对服务及用户之间的信任受诸多因素的影响，例如用户对服务的评价、他人的意见、交互行为及个人观念等。为充分考虑用户间信任关系的影响因素以及解决信任计算中遇到的“冷启动”问题，本章结合节点之间的关系强度和节点内容的相似性来分别计算节点间的关系信任和相似信任（信任度总体计算框架见图4-2），最后通过加权得到总的用户信任相似度。

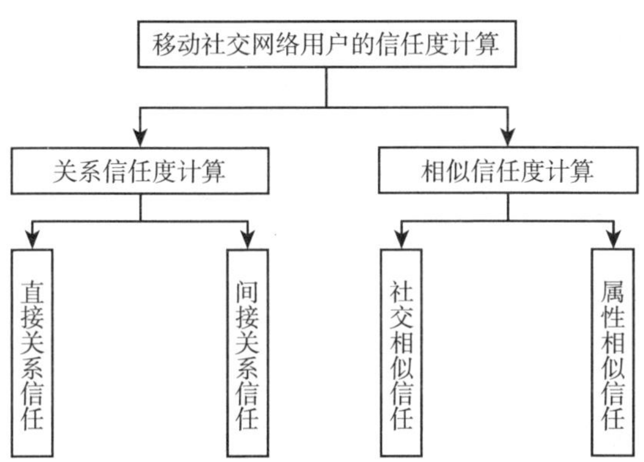

图4-2　移动社交网络用户信任度计算框架

首先构建移动社交网络模型，一般采用有向信息图对移动社交网络进行抽象表示。

定义4.1：信息图。移动社交网络 G 可以表示为（V，E），其中 $V=\{v_1, v_2, \cdots, v_n\}$，为网络中 n 个节点的集合；$E=\{e_1, e_2, \cdots, e_m\}$，为网络中 m 条

有向边的集合。$V_{att}=\{a_1, a_2, \cdots, a_p\}$ 为节点 V 的 p 个属性集合；$E_{att}=\{b_1, b_2, \cdots, b_h\}$ 为有向边 E 的 h 个属性集合。根据以上信息来构建信息图的链接矩阵，如下矩阵所示：

$$\begin{bmatrix} A_{11} & \cdots & \cdots & \cdots & A_{1n} \\ \vdots & \ddots & A_{ij} & & \vdots \\ \vdots & A_{ji} & \ddots & & \vdots \\ \vdots & & & \ddots & \vdots \\ A_{m1} & \cdots & \cdots & \cdots & A_{mn} \end{bmatrix}$$

该矩阵中，A_{ij}和 A_{ji}分别为节点 i 到 j 的链接权值和节点 j 到 i 的链接权值。

定义 4.2：关系信任。关系信任是指由节点之间的关系强度带来的信任，根据节点之间相邻与否可将关系信任分为直接信任与间接信任。在移动社交网络环境中，用户之间进行交流、评论和转发等交互行为和关注关系直观地体现了用户之间的信任。移动社交网络 G(V，E) 中，节点 v_i 与 v_j 之间的关系信任 RTrust (v_i，v_j) 的计算如式（4－1）所示：

$$RTrust(v_i, v_j)=\begin{cases} D\_RTrust(v_i, v_j), & W_{v_i,v_j}=1 \\ I\_RTrust(v_i, v_j), & W_{v_i,v_j}=0 \end{cases} \tag{4-1}$$

其中，W 为网络 G 的邻接矩阵，W_{v_i,v_j}的值为零表示节点 v_i 与 v_j 相邻，W_{v_i,v_j}的值为 1 表示节点 v_i 与 v_j 不相邻，D_RTrust (v_i，v_j) 为节点 v_i 对 v_j 的直接信任，I_RTrust (v_i，v_j) 为节点 v_i 对 v_j 的间接信任。

定义 4.3：直接信任度的计算。如果节点 v_i 与节点 v_j 相邻，则两者之间的直接信任度即为彼此之间的关系强度，节点 v_i 与节点 v_j 的直接信任可由式（4－2）得到。其中，$D\_RTrust(v_i, v_j)\in[0, 1]$，表示 v_i 与 v_j 的直接信任度；$w(v_i, v_j)$ 表示节点 v_i、v_j 之间的关系强度，$w(v_i)$ 表示节点 v_i 和其相邻节点关系强度的总和，即移动社交网络环境中用户之间的转发、评论及交互频数。

$$D\_RTrust(v_i, v_j)=\frac{w(v_i, v_j)}{w(v_i)} \tag{4-2}$$

定义 4.4：间接信任度的计算。在移动社交网络中，如果节点 v_i 与节点 v_j 不相邻，则节点间的信任度可由中间节点信任的传递得到，分别与节点 v_i、v_j 相连的中间节点使得两者之间存在间接的联系，不相邻的节点之间的信任可通过中间节点传递给彼此。但不相邻节点间信任的传递可能存在多条路径，路径中存在越多的中间节点，传递的效果就越差。针对该问题，本章选取最短路径来计算节点 v_i 与节点 v_j 之间的间接信任度：

定义 4.5：单路径间接信任度。移动社交网络环境中，单路径间接信任是指不相邻两节点 v_i 与 v_j 之间的信任传递路径中只存在一条最短路径 $p=(v_i, v_1, v_2, \cdots, v_j)$，并且该路径的长度 len(p) 不大于信任传递的最大距离 d_{max}，即

$len(p) \leq d_{max}$。则节点 v_i 与节点 v_j 之间的单路径间接信任度 $I\_RTrust(v_i, v_j)$ 可由式（4-3）得到。

$$I\_RTrust(v_i, v_j) = \begin{cases} D\_RTrust(v_i, v_1) \times D\_RTrust(v_i, v_2) \times len(p) \leq d_{max} \\ \cdots \times D\_RTrust(v_n, v_j), \\ 0, \ len(p) > d_{max} \end{cases} \tag{4-3}$$

定义4.6：多路径间接信任度。移动社交网络环境中，多路径间接信任是指不相邻两节点 v_i 与 v_j 之间的信任传递路径中存在多条最短路径，用 $paths = (p_1(v_i, v_j), p_2(v_i, v_j), \cdots, p_t(v_i, v_j))$ 来表示，并且该集合中每条路径的长度 $p_k(v_i, v_j)$ 不大于信任传递的最大距离 d_{max}，即 $p_k(v_i, v_j) \in paths \leq d_{max}$ 则节点 v_i 与 v_j 之间的多路径间接信任度可由式（4-4）得到。

$$I\_RTrust(v_i, v_j) = \max_{paths(v_i, v_j)}((I\_RTrust(v_i, v_j))) \tag{4-4}$$

定义4.7：相似信任。在移动社交网络中，相似的用户之间更容易产生联系，即具有同质性的节点间存在一定的关联。目前，已存在许多关于节点相似性的研究，其中从节点属性和社交信息两方面对相似性进行分析的方法在个性化推荐和用户挖掘等领域的应用有显著效果。鉴于此，本章基于节点所处的局部网络结构和基于节点自身信息把相似信任划分为社交相似信任和属性相似信任，综合这两个维度的信任值来计算由节点 v_i 和节点 v_j 之间相似性产生的信任度，即相似信任度 $STrust(v_i, v_j)$，如式（4-5）所示。

$$STrust(v_i, v_j) = \alpha STrust\_S(v_i, v_j) + (1-\alpha) STrust\_A(v_i, v_j) \tag{4-5}$$

其中，$STrust\_S(v_i, v_j)$ 表示节点 v_i 和节点 v_j 由于社交相似产生的信任度，$STrust\_A(v_i, v_j)$ 表示节点 v_i 和节点 v_j 由于属性相似产生的信任度，α 和 $1-\alpha$ 分别为社交相似信任 $STrust\_S(v_i, v_j)$ 和属性相似信任 $STrust\_A(v_i, v_j)$ 的权重。

定义4.8：社交相似信任。在移动社交网络中，相邻的两个节点间邻里重叠度越高，两个节点的相似程度就越高。节点间的社交相似性可以从两方面考虑：若两节点都指向另一个节点，则这两个节点之间具有共指向相似性；若一个节点指向另外两个节点，则这两个节点之间具有共被指向性。以微博为例，用户的社交相似性可根据用户之间的共同关注相似性和共同粉丝相似性来进行度量。社交网络 $G(V, E)$ 中，$V = \{v_1, v_2, \cdots, v_n\}$，节点 v_i 和节点 v_j 的社交相似信任度 $STrust\_S(v_i, v_j)$ 可由式（4-6）得出。其中，α、$1-\alpha$ 分别为关注相似性和粉丝相似性的权重；$D_{in}(v_t)$ 为节点 v_t 的出度，$\Gamma(v_i)$ 为被同一节点 v_i 指向的节点集合，$D_{out}(v_t)$ 为节点 v_t 的入度，$\Gamma'(v_i)$ 为指向同一节点 v_i 的节点集合。

$$STrust\_S(v_i, v_j) = \alpha \frac{\sum_{t \in \Gamma(v_i) \cap \Gamma(v_j)} \frac{1}{D_{in}(v_t)}}{\sqrt{\sum_{t \in \Gamma(v_i)} \frac{1}{D_{in}(v_t)}} \sqrt{\sum_{t \in \Gamma(v_j)} \frac{1}{D_{in}(v_t)}}} + (1-\alpha) \frac{\sum_{t \in \Gamma(v_i) \cap \Gamma(v_j)} \frac{1}{D_{out}(v_t)}}{\sqrt{\sum_{t \in \Gamma(v_i)} \frac{1}{D_{out}(v_t)}} \sqrt{\sum_{t \in \Gamma(v_j)} \frac{1}{D_{out}(v_t)}}} \quad (4-6)$$

定义 4.9：属性相似信任。在移动社交网络环境中，描述节点特征的核心属性信息（如性别、年龄、地理位置、标签及自我介绍等）直观地反映了节点的同质性。在计算节点间相似信任的过程中，不仅要考虑节点间的社交相似性产生的信任，更要考虑节点属性相似产生的信任。在移动社交网络 G 中，节点 v_i 和节点 v_j 之间的属性相似信任度计算如式（4－7）所示。其中，$S_a(v_i, v_j, \alpha_m)$ 表示节点 v_i 和节点 v_j 在属性 α_m 下的相似度；$|M|$表示节点属性的数目，各属性所占的权重相同。

$$STrust\_A(v_i, v_j) = \frac{1}{|M|} \sum_{m=1}^{M} S_a(v_i, v_j, \alpha_m) \quad (4-7)$$

移动社交网络中节点的属性分为离散型和文本型两类，在计算离散型属性的相似度时，要准确判断两者之间的值是否相等。针对同一离散型属性 α_m，节点 v_i 和节点 v_j 的值分别为 value1、value2，则在属性 α_m 下这两个节点之间的相似度计算如式（4－8）所示。

$$S_a(v_i, v_j, \alpha_m) = \begin{cases} 1, & value1 = value2 \\ 0, & value1 \neq value2 \end{cases} \quad (4-8)$$

在计算文本型属性的相似度时，本章采用构建节点—关键词矩阵的方法来对移动社交网络中的文本型属性信息进行处理。以微博为例，首先通过节点的标签信息得到体现节点属性的关键词，然后构建节点—关键词矩阵 M 以及节点—关键词二部网络 G_k，最后计算在同一文本型属性 α_m 上二部网络 G_k 中节点 v_i 与节点 v_j 的相似度，如式（4－9）所示。其中，$D_{in}(k)$ 为第 k 个关键词在 G_k 中的入度。

$$S_a(v_i, v_j, \alpha_m) = \sum_{k=1}^{T} I(M_{v_i k} = 1) \times I(M_{v_j k} = 1) \times \frac{1}{\lg D_{in}(k)} \quad (4-9)$$

由此，综合用户的关系信任度 $RTrust(v_i, v_j)$ 和相似信任度 $STrust(v_i, v_j)$ 得到移动社交网络用户总的信任度 $Trust(v_i, v_j)$，并将总的用户信任度作为基于用户信任关系的相似度值，得到网络 G(V, E) 中节点 v_i 与节点 v_j 之间基于信任关系的相似度，其计算公式如式（4－10）所示。其中，$sim_{trust}(v_i, v_j)$ 表示基于移动社交网络用户信任关系的相似度，η 和 $1-\eta$ 分别为关系信任和相似信任所占的权重。

$$sim_{trust}(v_i, v_j) = Trust(v_i, v_j) = \alpha \cdot RTrust(v_i, v_j) + (1-\alpha) \cdot STrust(v_i, v_j) \tag{4-10}$$

4.3.2　移动社交网络用户偏好相似度计算

在移动社交网络用户偏好相似度的计算中，本章主要根据移动社交网络中用户之间交互信息（发布信息、评论信息和浏览信息）在内容上的相似性来评估用户之间的偏好相似程度，通过加入这些交互信息以在网络中找到偏好相似却无链接的节点，从而降低链接噪声在社区聚类过程中的影响。首先，分别计算用户间发布信息相似度、用户评论信息相似度以及用户浏览信息相似度，然后确定各相似度在移动社交网络环境中所占的权重，最后计算出总的移动社交网络用户偏好相似度。

定义4.10：发布信息相似度。在移动社交网络中，本章主要根据移动社交网络用户发布信息的主题相似性来评估用户之间的偏好相似度。对于移动社交网络 $G(V, E)$ 中的任意两个节点 v_i 与节点 v_j，其发布信息的主题词集合分别用 $T_i = \{t_1, t_2, \cdots, t_m\}$、$T_j = \{t_1, t_2, \cdots, t_n\}$ 表示，节点 v_i 与节点 v_j 的偏好相似度用 $sim_p(v_i, v_j)$ 表示，计算过程如式（4-11）所示。其中，$dis(t_i, t_j)$ 表示节点 v_i 所发布信息的主题词与节点 v_j 所发布信息的主题词之间的语义距离，$exp(-dis(t_i, t_j))$ 是指以 e 为底数、以 $-dis(t_i, t_j)$ 为指数的函数。

$$sim_p(v_i, v_j) = \sum_{t_i \in T_i} \sum_{t_j \in T_j} exp(-dis(t_i, t_j)) \tag{4-11}$$

定义4.11：评论信息相似度。本章主要采用 Ristad 所提出的编辑距离的方法来对移动社交网络用户之间的评论信息相似度及浏览信息相似度进行度量，该方法不仅能够计算出字符串之间的相似程度，还能够评估自然语言语句的相似程度，相似程度越高，则用户之间的信息就越相似。节点 v_i 和节点 v_j 之间的评论信息相似度 $sim_c(v_i, v_j)$ 计算如式（4-12）所示，其中，$distance_c(v_i, v_j)$ 表示节点 v_i 和节点 v_j 之间的编辑距离，$length_c(v_k)$ 为节点 v_k 的评论信息长度。

$$sim_c(v_i, v_j) = 1 - \frac{distance_c(v_i, v_j)}{max(length_c(v_i), length_c(v_j))} \tag{4-12}$$

定义4.12：浏览信息相似度。同样采用编辑距离的方法计算用户之间的浏览信息相似度 $sim_b(v_i, v_j)$，计算公式如式（4-13）所示，$distance_b(v_i, v_j)$ 表示节点 v_i 和节点 v_j 之间的编辑距离，$length_b(v_k)$ 为节点 v_k 的浏览信息长度。

$$sim_b(v_i, v_j) = 1 - \frac{distance_b(v_i, v_j)}{max(length_b(v_i), length_b(v_j))} \tag{4-13}$$

由此，综合以上三种信息相似性计算移动社交网络中用户 v_i 和用户 v_j 之间总的偏好相似度 $sim_{preference}(v_i, v_j)$，如式（4-14）所示：

$$sim_{preference}(v_i, v_j) = \gamma_1 \cdot sim_p(v_i, v_j) + \gamma_2 \cdot sim_c(v_i, v_j) + \gamma_3 \cdot sim_b(v_i, v_j) \tag{4-14}$$

其中，γ_1、γ_2 和 γ_3 分别为用户之间发布信息相似度 $sim_p(v_i, v_j)$、评论信息相似度 $sim_c(v_i, v_j)$ 和浏览信息相似度 $sim_b(v_i, v_j)$ 在用户偏好相似度中的权重，且 $\beta_1 + \beta_2 + \beta_3 = 1$。

定义 4.13：基于用户偏好和信任度的用户相似度计算。综合移动社交网络用户信任相似度 $sim_{trust}(v_i, v_j)$ 和用户偏好相似度 $sim_{preference}(v_i, v_j)$ 得到用户 v_i 与用户 v_j 之间总的相似度 $sim(v_i, v_j)$，其中，α、$1-\alpha$ 分别表示信任相似度和用户偏好相似度在移动社交网络中所占权重。

$$sim(v_i, v_j) = \alpha \cdot sim_{trust}(v_i, v_j) + (1-\alpha) sim_{preference}(v_i, v_j) \tag{4-15}$$

4.3.3　基于用户偏好和信任度的移动社交网络社区划分方法

本章提出的移动社交网络社区聚类算法首先将移动社交网络中各节点视为一个单独的社区，根据基于用户偏好和信任度的用户相似度公式（4－15）得到两个节点之间的相似度，即两个社区之间的相似度，建立用户相似度矩阵；然后将相似度最大的社区划分在一起，更新聚类后的社区相似度并计算与其他社区之间的相似度；通过不断的合并与更新最后得到移动社交网络社区的划分结果，模块度最大的社区即为最优划分结果。

（1）基于用户偏好和信任度的社区划分算法具体描述如下。

输入：节点集列表 NodeList

输出：社区列表 CommunityList

步骤 1：将网络节点视为一个社区，利用公式（4－15）计算得到各网络节点之间的相似度，即两个社区之间的相似度，构建用户相似度矩阵；

步骤 2：合并相似度值最大的社区，计算合并后的社区 C' 与各社区 C_k 之间的相似度，更新用户相似度矩阵；

步骤 3：计算合并后社区的模块度；

步骤 4：重复以上步骤，直到全部网络节点都划分在一个社区内；

步骤 5：模块度最大的社区即为最优社区划分结果。

（2）本章算法的时间效率分析。

对于移动社交网络 $G(V, E)$，$|V| = n$，计算任意两个节点 v_i 与节点 v_j 之间相似度的复杂度为 $O(n^2)$，寻找节点 v_i 与节点 v_j 之间的最大相似度要对 n^2 个数值进行比较和分析，其复杂度为 $O(n^2 \log n)$，考虑到合并后的社区个数小于 n，合并社区的复杂度小于 $O(n^2)$，因此本章算法的时间复杂度为 $O(n^2 \log n)$。

4.4 实验及分析

4.4.1 实验数据及预处理

该部分主要对基于用户偏好和信任度的移动社交网络社区发现方法的有效性进行测试。本章采用的数据集来源于新浪微博，微博数据的获取途径主要有通过新浪微博 API 接口获取和网页爬虫获取，调用微博开放平台的 API 接口能够高效地提取到用户数据，但由于新浪微博平台对 API 接口访问内容和次数的限制该方法缺乏一定的灵活性且不利于大规模数据的获取。因此本章采用更为灵活的网页爬虫方法来获取微博用户数据，利用相关爬虫工具对微博网页进行解析，通过解析符合网页标签匹配规则的标签内容来获取数据集。

本章采集了 6 492 个微博用户的数据，剔除 683 个用户中关注列表为空的数据，最后得到 5 809 个微博用户数据，这些用户关注的用户总共有 46 796 个。获取到的用户信息有：用户基本信息（包括 ID 账号、微博昵称、个人简介、标签、性别、所在地省级 ID、所在地市级 ID、用户类型、等级、工作性质、注册时间）、用户微博信息（ID 账号、微博 ID、微博主题词、内容、时间）和用户的关注及粉丝。通过对以上信息进行分类和预处理，分别将其储存于数据库用户基本信息表、微博信息表、用户关系表和微博转发关系表中，以便于后期实验的使用。数据采集与处理完成后，可构建微博网络，即由 5 809 个节点 46 796 条边组成的网络图，其中网络节点平均度 K 为 8.203，平均路径长度 L 为 3.517。

4.4.2 评价指标

本章将从社区结构和偏好的内聚性来对本章算法划分的质量进行评估。对于社区结构内聚性的评价，Mark Newman 提出用模块度这一指标来衡量社区划分的效果，但这种方法并不适用于重叠社区，而真实的移动社交网络中一个用户可能属于多个社区，因此本章对模块度进行优化并将优化后的模块度作为评价指标。优化的模块度 EQ 计算方法如式（4－16）所示，其中，O_i、O_j 分别表示节点 v_i 和节点 v_j 所属社区的个数；d_i 和 d_j 分别为节点 v_i 和节点 v_j 的节点度；$A_{i,j}$表示 v_i 和 v_j 之间的真实连接数，若 v_i 和 v_j 之间无连接边，则 $A_{i,j}$的值为0，若 v_i 和 v_j 之间有连接边，则 $A_{i,j}$的值为 1。

$$EQ = \frac{1}{2m}\sum_{k}\sum_{i,j}\frac{1}{O_iO_j}\left(A_{ij} - \frac{d_id_j}{2m}\right) \quad (4-16)$$

对于社区内外节点在偏好相似性方面划分质量的评估，本章采用偏好内聚指数 PCE 来评估各个社区之间的总体偏好内聚性以及采用平均偏好内聚指数 APCE 来评估某一具体社区的偏好内聚性。本章对划分质量的期望是社区之间的偏好相似度低，社区内部的偏好相似度高，以此为依据与偏好内聚性分析结果进行对比，测试本章算法是否具备有效性。对于网络 G(V，E) 的社区划分结果 $C=\{C_1, C_2, \cdots, C_n\}$，其偏好内聚指数的计算如式（4-17）所示，对于任意一个社区 $C_k(C_k \in C)$，其平均偏好内聚指数的计算如式（4-18）所示。

$$PCE = \frac{\sum_{k=1}^{n}\sum_{v_i, v_j \in C_k} sim_{preference}(v_i, v_j)}{\sum_{v_i, v_j \in G} sim_{preference}(v_i, v_j)} \tag{4-17}$$

$$APCE = \frac{\sum_{i=1}^{n}\sum_{v_i, v_j \in C_k} sim_{preference}(v_i, v_j)}{|C_k|} \tag{4-18}$$

其中，PCE、APCE $\in [0, 1]$，数值越大，相应的偏好内聚性就越好；$sim_{preference}(v_i, v_j)$ 表示节点 v_i 和节点 v_j 的偏好相似度，$\sum_{v_i, v_j \in G} sim_{preference}(v_i, v_j)$ 表示网络 G 中所有节点间偏好相似度相加之和，$\sum_{i=1}^{n}\sum_{v_i, v_j \in C_k} sim_{preference}(v_i, v_j)$ 表示所有社区中节点间偏好相似度相加之和，$|C_k|$为网络社区划分的个数。

4.4.3 实验结果及分析

本章通过利用预先处理过的微博用户数据集进行实验，首先根据上述三个评价指标优化的模块度 EQ、偏好内聚指数 PCE 和平均偏好内聚指数 APCE 分别对本章算法划分结果的社区结构及偏好的内聚性进行分析；然后将分析结果与运用经典社区发现算法（Newman 算法和 Infomap 算法）得到的实验结果进行对比；最后得出实验结论，即本章基于用户偏好和信任度的社区聚类算法与经典算法相比在一定程度上是否具备先进性。

1. 结构内聚性分析

在移动社交网络用户信任度计算过程中，如果用户对其他用户的微博进行转发，则视为一次有向性交互；根据之前得到的网络平均路径长度 L = 3.517，将 d_{max}的值设为 4；将关注相似性的权重 θ_1 设为 0.833，将粉丝相似性的权重 θ_2 设为 0.167。在属性相似信任度计算过程中，对于地理位置信息属性，本章将用户所处的省、市不同将用户位置相似性分为以下三种情况：①若用户所处的省和市一样，则用户之间的地理位置相似度为 1；②若用户所处的省不同，则用户之间的地理位置相似度为 0；③若用户处在相同的省，却处在不同的城市，则用户之间的地理位置相似度为 2/3。对于用户标签信息，本章根据获取到的 182 个标签构建用户—关键词二部网络，利用公式（4 -9）计算用户标签信息相似度。通过设置以上数值来执行本章算法，但社交相似信任的权重 α 及近似权重参数 w 尚未确定，因此本章通过设置不同的权重数值来测试这两个参数对评价指标 EQ 的影响，结果如图 4 -3 所示。

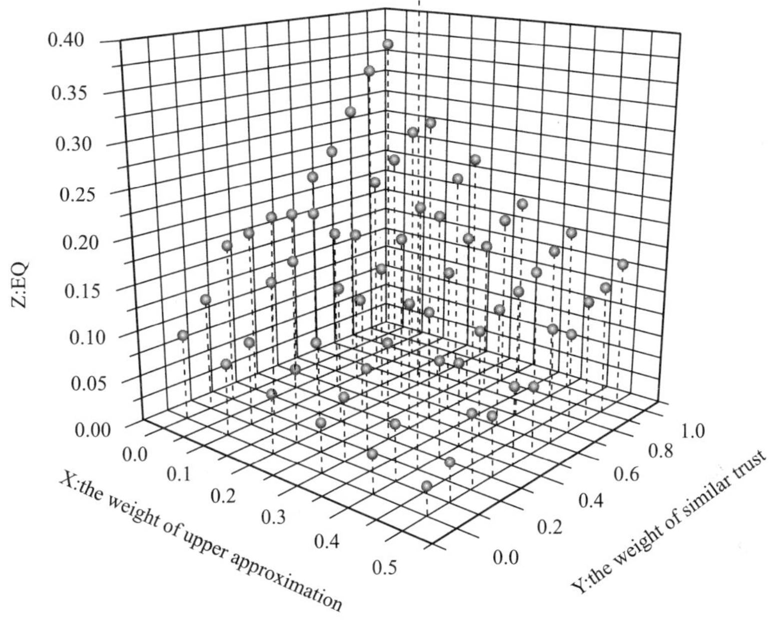

图 4 -3　设置不同权重数值对 EQ 的影响

根据图 4 -3 的实验结果可以得出，当 w 不变时，α 越大，EQ 的值也越大，即社交相似信任在相似信任计算中所占的权重越大，节点对所处社区的结构相似程度越高，使划分得到的社区结构更为紧密，模块度 EQ 的值增大；当 α 不变时，w 越大，EQ 的值越小，即随着 w 的增大，利用本章算法能够划分出更多的重叠社区，重叠的节点越多，社区结构的 EQ 就越小。根据以上实验结果，为验证本章算法划分结果的结构内聚性，本章将 w 的值设为 0. 1，并对运用基于用户偏好和信任度的社区划分算法与 Infomap 算法、Newman 算法得到的模块度 EQ 值进行比较，如表 4 -1 所示。

表 4－1 移动社交网络中三种算法的 EQ 值对比

算法	α 值	社区个数	EQ
基于用户偏好和信任度的移动社交网络社区划分算法	0	531	0.072
	0.2	447	0.151
	0.4	309	0.206
	0.6	342	0.168
	0.8	264	0.241
	1.0	210	0.273
Infomap	—	1 535	0.136
Newman	—	956	0.339

从整体上看，本章算法得到的 EQ 值高于 Infomap 算法得到的 EQ 值，但低于 Newman 算法。为进一步分析三种算法在模块度贡献值上的差别，本章主要选取了 w＝0.1、α＝0.8 时这三种算法得到的前 15 个最大社区的结构内聚性进行对比，如图 4－4 所示。根据不同算法得到的模块度 EQ 对比图可以看出，本章算法得到的社区模块度值高于 Infomap 算法得到的社区模块度值，且与 Infomap 算法和 Newman 算法相比，本章算法的社区划分结果能够满足结构内聚性指标的要求，对于移动社交网络社区的划分具有一定的有效性。

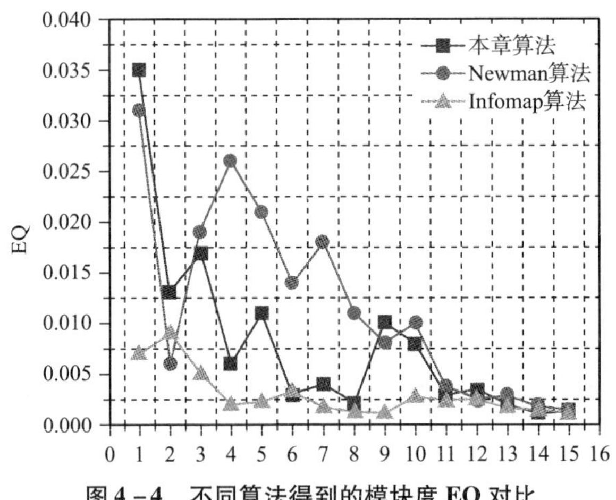

图 4－4 不同算法得到的模块度 EQ 对比

2. 偏好内聚性分析

在对本章算法得到的社区进行偏好内聚性分析过程中，参照结构内聚性分析过程分别对 w 和 α 设置不同的权重数值来分析其对偏好内聚性指标 PCE 的影响。

根据实验结果可以得出以下结论：在本章算法中，当 w 不变时，α 越大，PCE 的值呈现先变大后变小的趋势，原因是因为只单方面地考虑用户之间的关系或属性信息，不能够充分体现出用户的偏好特征，得到的 PCE 值较低。当 α 不变时，PCE 的值会随着 w 的增大而增大，即 w 越大，利用本章算法划分出的重叠节点个数越多，各社区节点对的偏好相似之和就越大，根据公式（4－17）可以得出 PCE 的值就越大。

为验证本章算法划分结果的偏好内聚程度，本章将 α 的值设为 0.1，并将本章算法与 Infomap 算法、Newman 算法得到的 PCE 值进行比较，如表 4－2 所示。根据表 4－2 的统计数据可以看出，本章基于用户偏好和信任度的移动社交网络社区划分算法在偏好内聚程度上优于 Infomap 算法和 Newman 算法，主要因为本章算法综合考虑了节点之间的关系强度和节点的自身属性，能够挖掘出潜在的用户偏好特征并将偏好相似的节点划分到同一社区内，而 Infomap 算法和 Newman 算法分别由于划分得到的社区偏好总和较小以及仅考虑网络拓扑结构导致社区偏好内聚性较低。其次，本章将 w 和 α 的值分别设为 0.1、0.4，对用这三种算法划分得到的 15 个最大社区的 APCE（平均偏好内聚指数）进行对比分析，如图 4－5 所示。实验结果显示，与其他两种算法相比本章算法划分得到的社区偏好内聚性较高。

综合以上实验及分析，可得出如下结论：与经典的社区发现算法相比（Infomap 算法和 Newman 算法），本章基于用户偏好和信任度的移动社交网络社区聚类算法在满足社区结构内聚性要求的前提下，能有效划分出潜在的偏好内聚性较高的社区，社区内节点之间信任度和偏好相似性较高，社区之间信任度和偏好相似性较低。该算法对于移动社交网络社区的划分具有一定的有效性。

表 4－2　　移动社交网络中三种算法的 PCE 值对比

算法	α 值	社区个数	偏好总和	PCE	EQ
基于用户偏好和信任度的移动社交网络社区划分算法	0	531	80 497.0	0.239	0.072
	0.2	447	85 113.5	0.259	0.151
	0.4	312	92 536.7	0.293	0.216
	0.6	339	83 381.8	0.242	0.169
	0.8	270	72 518.3	0.223	0.241
	1.0	210	64 023.7	0.192	0.273
Infomap	—	956	65 014.1	0.203	0.339
Newman	—	1 535	30 553.9	0.096	0.136
网络偏好总和为 324 682.1					

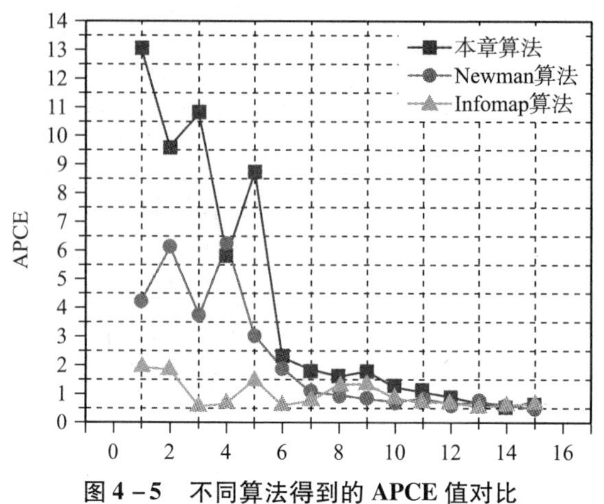

图 4－5 不同算法得到的 APCE 值对比

4.5 本章小结

随着移动社交网络规模的不断扩大，移动社交网络结构日益复杂，如何高效准确地挖掘出网络社区的结构及其潜在特征成为目前社交领域研究的热点。针对已有社区发现算法存在忽视节点相似性且对于节点之间的关系特征描述较为单一的问题，综合考虑了移动社交网络中用户之间的显性关系和隐性关系，提出一种基于用户偏好和信任度的移动社交网络社区聚类模型并对其进行了仿真实验。该模型综合考虑了移动社交网络中节点的关系强度、节点相似性及交互信息相似性，通过计算节点间的关系信任度、相似信任度和偏好相似度并基于节点信任和节点偏好的总相似度来实现移动社交网络社区的划分。此外，本章主要从结构内聚性和偏好内聚性来对社区聚类结果进行质量评估。

实验结果表明，该模型能够划分出节点间偏好相似且相互信任的社区，与经典的社交网络社区发现算法相比，利用该算法得到的社区在保证结构内聚性要求的前提下偏好内聚性更高，有利于准确挖掘出移动社交网络的社区结构及群体之间的行为特征，为个性化推荐、网络舆情监控和行为预测等领域的研究提供基础。但移动社交网络结构随着时间的推移不断在变化，本章方法并没有考虑社区结构的演变规律；此外，本章提出的聚类模型应用于大规模移动社交网络的社区发现时间复杂度较高，这些问题都有待于进一步研究和优化。

第 5 章

社交网络用户个性化信息服务

5.1 社交网络个性化服务

移动社交网络中的用户所面临的“信息过载”问题越来越严重，严重影响了用户体验，如何针对移动社交网络来减少用户浏览负担、优化服务推送、增强用户体验、从根本上解决“信息过载”，是急需解决的一大难题。

针对用户在庞大信息下存在的选择困难等问题，“个性化服务”的概念也随着被人们所提出。然而在以往的移动社交网络用户个性化服务研究中，往往忽略了地理位置信息对于用户特征模型构建的作用。随着 LBS 服务向其他领域的不断进军，从过去单一的路线导航到如今火极一时的微信“摇一摇”，基于位置服务应用的发散性蔓延使得地理位置信息的重要性愈发突出。尤其是对于移动社交网络用户而言，地理位置信息已经完全充斥在我们日常生活当中，成为新的用户形象标签。在各类服务不断从 PC 端迈向移动端的大环境下，如何利用好移动端所携带的地理位置信息，给移动社交网络用户提供更贴近需求的个性化服务，是本章的主要研究目的。

5.2 移动融合

在当前的移动大环境下，传统的 PC 服务行业纷纷向移动领域转型。汪琼探讨了移动技术与社交网络的结合。窦天芳以清华大学社交网络 WAP 网站为例阐述了移动互联网与传统互联网服务融合的思路。蒋国银通过实验计算分析了在线到移动环境下消费接受行为的演化。不仅是传统行业向新兴技术的迈进与融合，各行各业跨界融合的趋势越来越明显，例如“微信”现在已开通“微信支付”

的服务，曾专注地图导航的“百度地图”也开始涉及旅游、酒店预订等服务。当前研究者们希望能够以用户的地理和空间位置为纽带整合云端的相关移动应用、内容及服务，为用户提供可定制的个性化服务，实现按需服务的一站式位置生活解决方案。基于此种考虑，本章提出移动融合的概念。

所谓移动融合，就是在移动环境下将各类服务基于用户地理位置信息进行融汇、聚合，服务的涵盖范围可从过往的 PC 端 Web 式服务到如今针对智能设备推出的软件应用。基于用户地理位置的移动融合不仅是众多服务的集大成者，更是实现了 O2O（线上到线下）将用户的现实生活与虚拟网络相连接，通过移动设备上的定位系统，获得用户的地理位置信息，结合用户的当前实际情况将移动融合中的各类服务智能推送给用户。例如通过定位感知到用户位于某个商场内，时间定格在中午时分，那么此时即可为用户推送该商场中的餐饮服务，这就是移动融合中一个简单的情景应用。

在更多与此类似的情景中，移动融合可以更好地支撑起个性化服务。个性化服务就是基于用户的行为、习惯、偏好及特点等，来向用户体会满足各种个性化需求的一种服务。其核心思想是在尊重用户个体的基础上，研究用户的行为习惯，帮助用户选择更重要、更合适的信息资源，为用户提供特色的服务。与其他融合的方式相比，移动融合的核心是围绕着“移动”即位置信息，而位置信息来源于用户在实体世界中的运动，具有更强的时效性与可信度，更能够反映出真实的用户情形与需求。因此，移动融合在社交网络个性化服务运用中具有十分广阔的前景。

5.3 LBS 和“地理社交数据”

LBS（位置服务）作为基于手机位置定位的一项特殊服务，与移动互联网各种业务相互融合、相互促进，使得移动融合不仅是共性和异性服务产品的堆砌。也正是基于这个市场的庞大潜力，目前，包括移动 SNS、手机旅游、手机搜索、手机游戏等移动互联网应用层出不穷。移动融合随着位置服务广泛式应用在各个领域中都掀起了热潮，基于地理位置信息的酒店预订、发现周围生活服务及移动社交网络等都已经被人们所熟知并使用。与其他网络服务相比，移动社交网络由于移动地理信息技术所带来的便利以及人们对社交的需求，迅速在移动环境中取得了巨大成功。

5.3.1 LBS（位置信息服务）的发散性应用

脸书（FaceBook）作为社交网络在移动环境中的典型代表，自推出移动端以来基于LBS服务，用户发展迅速，日活跃用户规模达到9亿。特别是前不久发布的地理位置服务“Places”，允许用户与他人分享自己所在地点的信息，并查看附近的商家信息。位置服务作为移动融合的核心点，要最大限度地挖掘与过去的服务体系之间的价值区别。移动融合下的社交网络通过位置信息把用户及行为投射到现实当中，而用户彼此之间也可以根据“位置”产生源于线上却基于线下的各种社交互动方式，这种社交构架体系不仅创造了多元化的交友途径实现趣味社交，同时有效地提高了用户黏性。如图5－1所示的是移动融合下的LBS服务与社交网络相结合。

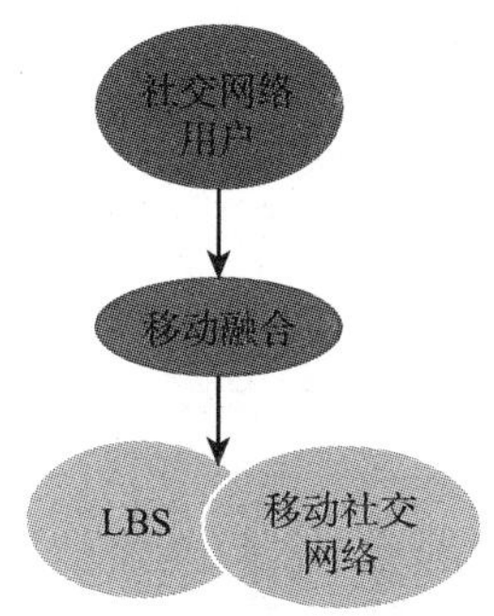

图5－1　LBS与移动社交网络结合

随着发展，LBS服务在移动社交网络中将会呈现纵横向的交错穿插，不再局限于导航、路线规划等单一功能，各类服务应用之间的界线也将会越来越模糊。甚至已经出现了基于地理位置的社交游戏，例如由著名游戏公司任天堂于2016年7月推出的“Pokemon Go”社交类手游，同时融入了地理位置、社交网络与游戏三个元素，玩家（用户）可以通过位置服务可以发现附近的玩家，也可以通过游戏的方式增强与好友的社交互动。传统的社交网络以用户应用为核心，更多关注于虚拟网络用户间的好友关系，缺乏用户的地理位置属性。相比之下，与LBS的完美结合为社交网络中的用户信息添加了新的标记维度，从单单停留在线上与好友进行交流互动，到帮助用户与外部实体世界创建更广泛和密切的联系，位置信息服务成为连接用户线上生活及线下真实生活的桥梁。

5.3.2　地理社交数据

当位置信息服务与移动社交网络融合时，将会产生同时含有地理属性与社交属性的新型数据，因此我们提出“地理社交数据”的概念，即用户使用基于具体地理位置信息的社交网络服务时所产生的交互数据。地理社交数据涉及两种属性：一种是用户在移动社交网络中的社会化交互信息属性如姓名、好友列表以及联系方式等；另一种则是地理信息属性，它包括地名、位置坐标以及类别信息如商场、餐厅等。在这两种属性中分别存在用户—用户、用户—定位、定位—定位共三种关系，具体情形如图 5 – 2 所示。在用户—用户关系中最典型的即是好友关系；用户—定位关系是移动融合中最为重要的一种关系，此类的应用如主动为两个定位大致相同的用户提供沟通交流的链接，目前诸多 App 如陌陌、探探均是以此类关系为核心而开展业务；定位—定位关系中更多的能够得到用户的到访序列以及位置相似性，如果用在某一点或某一路径的到访频率即停留时间均大幅度超过平均水平，那么此类信息值得深入挖掘。

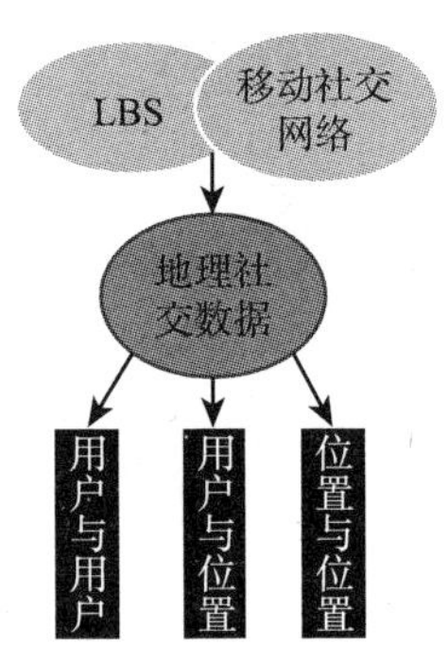

图 5 – 2　地理社交数据

地理社交数据与传统进行用户感知时所挖掘的用户相关个人信息相比，不仅仅是简单将地理位置信息添加其中，其更深层的意义在于使得用户不仅可以通过移动设备在虚拟网络中，更能在实体世界中完成社交活动，从线上到线下、从虚拟到现实，用户可以同时交替协同地使用线上与线下两种社交方式。对移动社交网络用户来说，社交趣味性增加的同时也弱化了移动社交网络与现实生活脱离的形象；对服务提供商来说，从线上到线下的社交活动为服务商展现出一个立体的多维度的用户特征模型。

5.4　基于移动融合的社交网络用户个性化服务推荐建模

通过移动融合，我们可以从用户在使用 LBS 服务与移动社交网络时所产生的数据以及同时包含两种属性的地理社交数据中提取出用户特征，构建用户特征模型，最后通过匹配引擎来给用户推荐与特征相符的个性化服务。如图 5 – 3 所示的是整个基于移动融合的社交网络用户个性化服务推荐模型的结构。

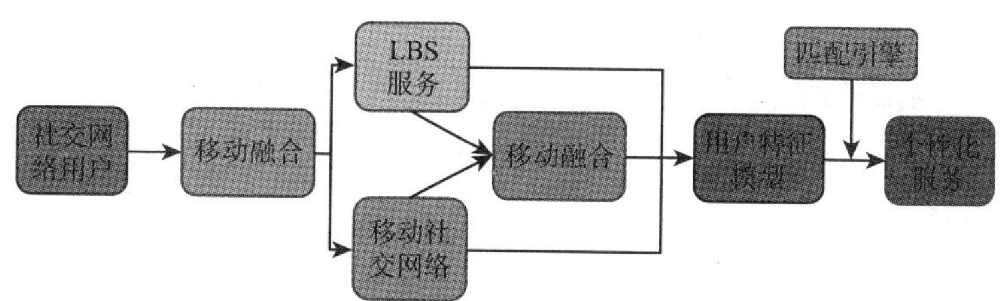

图5－3　基于移动融合的社交网络用户个性服务模型

5.4.1　移动社交网络用户相关数据的收集

目前，对于网站来说，自动获得用户行为数据最流行的方法之一就是基于服务器日志的方法。通过从 Web 服务器所产生的日志文件来获取有用的数据，而服务器日志文件提供了详细的用户与服务器的交互活动情况，包括用户的请求和服务器的响应等。

然而，由于基于服务器日志收集用户行为信息的方法存在数据可用性不高、数据类型较单一以及无法判断用户是否获得了所需的服务等缺点，因此为了进一步获取更多用户的相关信息，挖掘出有价值的可信性数据，我们采用从客户端直接获取用户与外界的交互情况。与基于服务器日志的方法相比，直接从客户端所收集的数据更加精确、数据类型更多、数据量也更大、用户相关性更强，使用这些从客户端获得的数据能够更真实地分析用户的行为活动。

此外，在技术上，基于客户端收集移动社交网络相关数据不受动态分配 IP 地址或代理服务器的影响，通过使用客户端跟踪技术来完成对用户行为的记录（如由 Web 服务器对每个访问站点的客户机自动分配 ID 并将其记录在客户端的 Cookies 中，每次用户浏览网站，Web 服务器可通过访问客户端的 Cookies 就知道此客户机是否访问过本网站）。更重要的是，通过客户端能够收集用户的地理位置信息，这是基于 Web 服务器日志所不能够满足的。因此，基于客户端收集移动社交网络用户的相关数据更适合当前的移动大环境，我们将采用此种方法。

5.4.2　移动社交网络用户特征提取

通过客户端收集到大量的移动社交网络用户行为数据后，接下来就是从这些数据中提取出用户的行为特征。由于数据的多元化及复杂化使要获得一个标准的文本特征描述还是比较困难度的，所以目前采用更多的是向量空间模型来进行各种信息的处理。

一般而言通过向量空间来描述用户特征时，尽量将数据的维度减少到一个较少的数字，该维度是初始维度的线性组合或非线性组合。因此，有两种主要的维度归约的方法：线性和非线性。线性技术会得到 K 个新到处的特征，来代替初始的 P 个特征（K≪P）。新特征的组合是初始特征的线性组合：

$$S_i = W_{i,1}X_1 + \cdots + W_{i,P}X_P \text{for } i = 1, \cdots, k \tag{5-1}$$

或用矩阵表示：S = WX。

在特征提取归约的过程中，目的不是在于删除特征来减少特征维度。通过合并，我们得到一个数量更少、有全新值的新特征集合。一个较为广泛接受的方法是用主成分来合并遏制，对特征进行总体的检测、合并，并转换成一个新的特征集，用简化的形式保留原有信息。对于已知的 m 个特征，通过简单的加权可将它们转换成一个新特征 γ′：

$$\gamma' = \sum_{j=1}^{P} w(j) \cdot \gamma(j) \tag{5-2}$$

其中，w(j) 是特征 γ(j) 的权值集。通过将多维的用户特征进行降维归约，我们最终得到基于用户的特征集合：

$$user = U\{g, i, f, w\} \tag{5-3}$$

其中，特征 g 为用户的地理位置信息（geographic location），特征 i 为包含用户社交数据的个人相关信息，特征 f 来源于地理社交数据且 $f = g \cap i$，w 则是各个特征在用户特征集合中的权重值，表示特征 g、i 及 f 在用户行为特征模型 U 构建中的所占比重。

5.4.3 个性化服务匹配

在得到移动社交网络用户的特征模型后，需要通过将移动融合中的众多服务项与用户特征相对比匹配并作相似度计算。在将海量服务项与用户特征对比之后，需要过滤掉不相关的服务，将剩余服务的即个性化服务推送给移动社交网络用户，完成一次移动社交网络用户个性化服务的定制与推送。

在服务的过滤过程当中，当前所用最多是基于内容过滤与基于协同过滤的方法。对于基于内容过滤，其核心思想是通过计算服务项与用户特征向量模型的余弦相似度来过滤相似度较低的服务项：

$$sim(user, service) = \frac{user \cdot service}{\|user\| \cdot \|service\|} \tag{5-4}$$

所得余弦相似度值越接近于 1，则相似度越高，与用户的匹配性越强。由于服务的种类繁多，每一类当中又包含海量的服务项，将服务项与用户进行一一对比不仅工作量巨大且缓慢的响应速度会严重地影响用户体验，因此在基于内容过滤之外提出了基于协同过滤。

协同过滤的核心思想是首先寻找与用户兴趣相似的其他用户，从其他用户所感兴趣的服务中向用户推送与用户匹配度高的服务项，其计算步骤与公式如下：

发现兴趣相似的用户：$$sim(user_1, user_2) = \frac{user_1 \cdot user_2}{\|user_1\| \cdot \|user_2\|} \tag{5-5}$$

从用户在移动社交网络的关系拓扑图中找出 k 个与用户 u 最相似的其他用户，用集合 I(u, k) 表示。将 I 中除了用户 u 已经喜欢的服务项全部提取出来，对于每个候选服务项 s，用户 u 对它的兴趣程度如下：

$$P(u, s) = \sum_{V \in I(u,k) \cap N(s)} W_{uv} \times r_{vs} \tag{5-6}$$

其中，r_{vs}表示用户 v 对服务 s 的喜欢程度。

协同过滤在使用过程中存在冷启动、可扩展性差等问题，所以我们采用两种过滤方式混合使用的混合式过滤方法进行推荐。

在此之外，由于地理位置在此移动社交网络用户个性化推荐模型中的重要性，因此书中将再单独进行地理位置相似度的计算，已更进一步精确用户间的相似度。地理位置相似度通过移动社交网络用户在使用移动设备上的定位服务所记录的位置间的距离来计算。设定用户 u 所处的地理位置为（lat_u，lon_u），用户 v 所处的地理位置为（lat_v，lon_v），lat 表示经度值，lon 表示维度值，则用户 u 与用户 v 间的距离为：

$$d(u, v) = \frac{R \cdot \arccos(Num(u, v)) \cdot \pi}{180} \tag{5-7}$$

其中 R 为地球半径，Num(u, v) 为可计算中间变量。理论上用户间的地理间距值越大，则用户的地理相似度越小，因此我们可认为地理相似度与用户间的距离值成反比：

$$sim_{geo}(u, v) = \frac{1}{d(u, v)} \tag{5-8}$$

通过将移动社交网络用户包括地理位置在内的特征信息与服务项的对比、综合分析，为用户智能地推送相匹配的针对用户的个性化服务。

5.5 本章小结

本章针对移动大环境下的服务提出了“移动融合”的概念，描述了在移动融合下为社交网络用户提供个性化服务的构架。构建了在移动融合下为社交网络用户推荐个性化信息服务的模型，使得能够快速而准确地从海量信息中给移动社交网络用户提供所需要的服务。通过 LBS 服务与社交网络融合所产生的地理社交数据等信息，提取用户行为特征，继而为用户匹配与特征相符的个性化服务，最后探讨了移动融合目前所面临的问题与挑战。

由于种种的限制，移动融合目前仍存在三大主要问题：

（1）用户可能处于对移动设备能耗的考虑而关闭定位服务，从而导致地理社交数据及相关信息的稀缺性；

（2）对于定位技术的精确度以及网络状态的强依赖性；

（3）用户的隐私问题及服务的权限标准。

往后随着相关技术的不断革新，形成配套的完整位置感应体系，前两个问题也相继将被解决。而当前用户的私密信息问题虽然已经渐渐被人们所关注，但由于网络的虚拟性以及对应法规的缺失，我们仍面临一个巨大的信息泄露危机。

个性化服务的出现是顺应时代的潮流，给我们的生活带来了很大的方便。当前，基于移动融合的用户个性化服务定制及推送在移动社交网络领域中的应用规模正逐步壮大，甚至出现了专门帮助用户推送信息服务的软件。在这个信息爆炸的时代，个性化服务的定制与推送毫无疑问地给用户带来了便利，在相当一定程度上，解决了用户在面对海量信息时无从选择的问题。基于 LBS 的移动融合技术将移动社交网络从单纯的虚拟环境延伸到现实生活中，在增加了用户的社交维度的同时，也为用户提供了贴切生活实际的个性化服务。然而，个性化服务的定制需要大量的用户相关信息，使正在使用这些个性化服务的移动社交网络用户面临严重的隐私忧患。尤其是在信息迅捷的互联网时代，相关的法规不够完善，在个性化服务定制与推送的这一条路上，还有很多工作需要完成。

第 6 章

社交网络好友信息服务推荐

6.1 移动社交网络服务推荐

随着移动互联网的快速发展，移动社交网络成为人们生活不可或缺的一部分。然而，无限制的网络信息交互导致了信息过载、用户无目的搜索等问题，这对移动搜索、移动社交、移动电商、社会化推荐等应用平台提出了更高要求，推荐系统也成为学术界、商业界的热点研究问题。

在移动社交网络的应用中，移动社交软件（如 QQ、微信、微博等）主要帮助用户建立好友关系网络，满足一般用户沟通交友需求。随着用户社交规模扩大、用户兴趣爱好增加、同类产品竞争出现，为满足用户多样化需求，各社交网络平台提供了各种增值服务（包括搜索功能、游戏服务、看点等），但仍无法实现精准推荐效果。究其原因是对用户定位不够准确，对用户人群归属的判断存在缺陷，而社区划分能解决用户定位问题，实现精准推荐。在复杂网络的研究中，如果一个网络自然地分为群内密集连接的节点组，并且它们之间只有较稀疏的连接，就称其为社区结构。社区划分通过对用户信息（包括自身属性、社交属性、地理位置、兴趣爱好等）的采集、分析，将相似度较高的用户划分到同一社区内，这样减少了大规模数据挖掘问题，实现好友及信息服务精准、可信赖推荐；另外，信任关系也成为好友推荐及信息服务推荐的重要因素之一，而社区划分将用户真实社交关系考虑进去，在一定程度上解决用户与用户、用户与信息服务之间的信任问题，更好地促进好友推荐及信息推荐服务的实现。

目前，大部分移动社交应用要么偏重社交关系，要么偏重兴趣爱好，很少同时基于社交关系及兴趣爱好的社交软件。鉴于目前移动社交存在问题，本章构建了基于社区划分和用户相似度的好友信息服务推荐模型，通过对用户进行社区划分，融合相似度计算，让用户找到相似好友及用户感兴趣的信息服务，实现精准综合服务推荐。

6.2 相关概念

目前，关于好友推荐的研究较多，从研究领域看，主要包括基于社交关系（如人人网、Facebook 等）及基于兴趣和内容的社交软件（如微博、Pinterest、知乎等）；从研究方法看，主要包括基于位置社交、信任关系、用户交互行为、社交关系、用户兴趣的好友推荐等；从研究内容上看，大多为好友推荐的算法及其优化的研究，社交网络中信息服务推荐的研究较少。国外相关研究中，张（Zhang）等研究了在二分网络中改进推荐算法与检测到的社区，提高了推荐的精度和多样性；波尔（Ball）等通过使用快速的闭式期望最大化算法实现了通过生成网络模型找到重叠社区，缩短了社区划分时间、提高划分准确性；阿尔迪（Zardi）等提出用 O（n2）算法优化检测社交网络中不同大小社区划分精度；朱（Zhu）等提出了基于邻居的朋友推荐概念，通过从短推文本中挖掘用户兴趣，用超立方体结构下的多个主题对用户兴趣建模，以供朋友推荐；胡（Hu）等使用 CNM 算法检测复杂网络中社区的中心性，证实该算法高模块性、高中心性；另外，马（Ma）、郭（Guo）、郭（Guo）分别基于用户信任和隐私保护、主题社区、用户关系强度进行好友推荐研究。国内相关研究中，徐建民借鉴著者互引和耦合分析理论，提出基于用户交互行为的微博社区发现方法；张中军从网络距离和内容相似度两方面对微博社区进行划分；孙晓晨基于位置和好友相似度对潜在好友推荐进行了研究；唐晓波基于信任传递机制的社会化媒体好友推荐方法，实现了社会化媒体好友个性化推荐；周奇利用 CNM 发现用户所在社会团体，再通过文本相似度计算用户微博相似度，实现电子商务网站的信息推荐；夏立新提出利用三度影响力理论扩展用户关系网络，筛选关系强度较大用户共同关注的内容计算用户相似度，基于关系强度和兴趣相似度实现好友推荐；另外，不少学者研究基于移动社交网络好友推荐的社区检测算法及其改进，主要减少大规模数据挖掘问题，降低挖掘时间开销，提高社区挖掘准确度。

6.2.1 社区划分

社区指网络中节点的集合，节点内部连接较为紧密，外部连接较为稀疏。移动社交网络中社区划分主要利用用户社交关系、用户相似度等对社交网络中节点进行划分，将朋友、家人、同事及具有相同兴趣的人按照相同属性节点划分到同一社区，建立关系后，大家可根据交互关系、兴趣爱好互相推荐好友和感兴趣产品等。如图 6－1 所示，根据用户社交关系划分成了两个社区，社区 C1 包括 A、

B、C、D 四个用户，社区 C2 包括 E、F、G、H 用户。可以看到，社区 C2 用户之间的关系强度高于社区 C1 用户间的关系强度，社区 C1 与社区 C2 之间的联系仅靠 A 与 E 之间的交互。

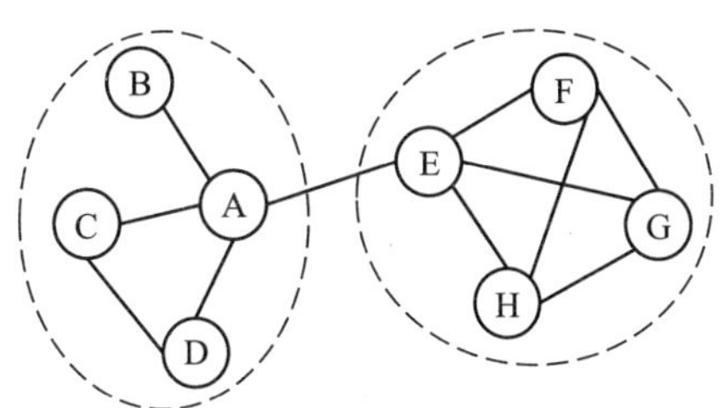

图 6 – 1　基于用户关系划分社区

如要进行用户好友推荐，可能需要获取用户间更多的信息，如用户间的交互级别、用户间信任关系、用户间兴趣相似度等属性。如图 6 – 2 所示，用户间连线的粗细表示用户间交互程度，连线越粗，表示交互越频繁，用户间信任度越高，反之交互越少，信任度越低。如 A 与 E 之间交互较为频繁，E 与 F 交互也较为频繁，相比 E 与 G、H，用户 E 可向用户 A 推荐用户 F，用虚线连接 A 与 F。另外，用户 B 与用户 F 都对网购、美妆感兴趣，他们具有相同的兴趣爱好，B 与 F 间有成为好友的可能，同样，用户 D 对舞蹈、运动、旅游感兴趣，用户 H 对运动、旅游、摄影感兴趣，他们之间同时对运动和旅游感兴趣，D 与 H 具有相似性，可能成为好友；同时用户 D 可向用户 H 推荐舞蹈信息，用户 H 可向 D 推荐摄影信息，在原有基于用户关系划分社区的基础上，融合用户交互、用户兴趣等属性让用户 A 与 F、B 与 F、D 与 H 之间建立了联系，使原有社区 C1 与社区 C2 融合成为一个社区，区别于其他社区。

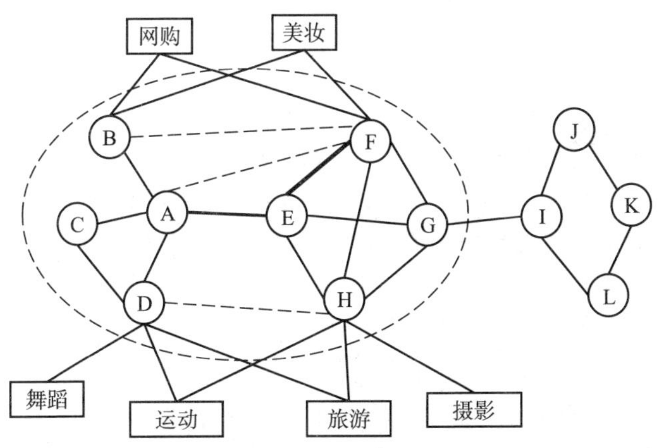

图 6 – 2　基于用户关系、交互、兴趣划分社区

6.2.2 用户相似度

用户相似度是指通过获取用户数据（包括静态数据、用户行为或交互数据），对数据进行整理、分解、降维等一系列操作，以提取描述用户的不同属性数据值，比较不同用户间的属性值集合的相似性。用户相似度包括用户属性相似度、用户关系相似度、用户兴趣相似度等；在移动社交网络中，用户相似度是指根据用户社交概况计算两个用户之间的关系及兴趣相似度。

目前，衡量用户间相似性的方法主要有余弦相似性、修正的余弦相似性和皮尔森系数等。余弦相似性把用户评分看作是 n 维向量空间上的向量，通过计算两个向量之间的夹角余弦来度量用户之间的相似性；修正的余弦相似性将余弦相似性中的向量，减去用户评分向量后，在计算夹角余弦以修正不同用户评分尺度不同的问题；皮尔森系数通过找到两个用户共同评分过的项目集，然后计算这两个向量的相关系数，以此度量两个用户的相似性。朱（Zhu）通过建立超立方体结构用户兴趣模型，来确定邻居用户相似性以推荐朋友；王佳同通过皮尔森相似度来计算用户相似度，并使用 HeteSim 算法计算用户异构信息相似度，完善了推荐准确度；另外，张中军、孙晓晨、周奇、夏立新等分别基于内容、位置和好友、文本、关系和兴趣来研究用户相似度，以推荐相似度更高的好友。

本章提出基于社区划分和用户相似度的好友信息服务推荐方法，融合用户关系、交互级别、用户兴趣进行社区划分，通过计算用户关系和用户兴趣的相似度进行用户推荐及信息服务推荐，让用户找到相似好友及用户感兴趣的信息服务，实现精准综合服务推荐。

6.3 基于社区划分和用户相似度的好友信息服务推荐模型构架

在好友信息服务推荐模型中，本章提出了基于社区划分和用户相似度的方法，模型如图 6 - 3 所示。首先，利用网络爬虫技术或 API 调用方法获取数据源；其次，分别提取用户交互级别（指一段时间内用户交互的程度）、用户专业知识水平（指好友用户给予目标用户的专业知识指导和使用体验）、信任程度（通过用户交互级别和用户专业知识水平来计算）及用户兴趣等方面数据；然后对社区进行划分并融合用户相似度产生用户相似度推荐数据（包括好友推荐和信息服务推荐数据）；最后，计算用户对推荐集合的测评分并进行反馈，反馈的信息又可作为用户数据来优化推荐。

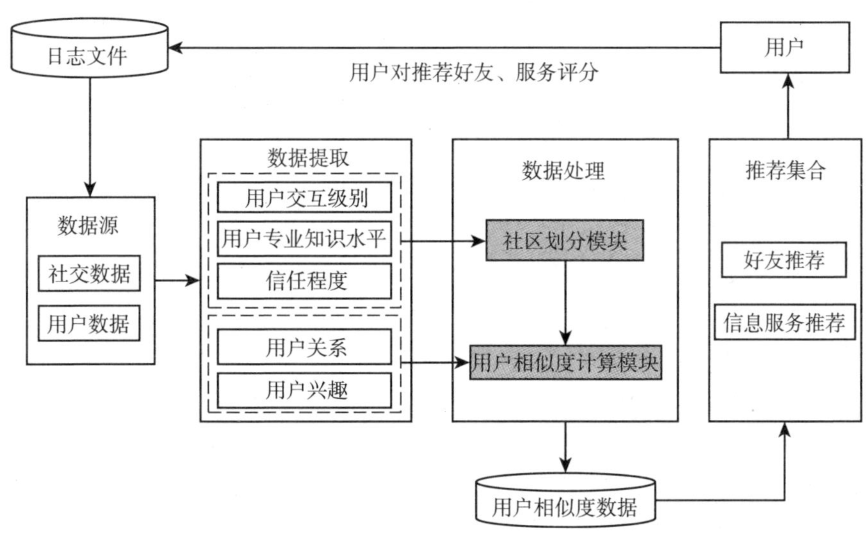

图6-3　基于社区划分和用户相似度的好友信息服务推荐模型

6.4　基于用户信任程度的社区划分

在社区划分中，涉及用户间的关系强度即用户交互级别、用户专业知识水平及用户信任程度。用户交互级别用好友间在一段时间内的交互频率来表示，是用户关系强度的一种体现。用户专业知识水平，如目标用户的好友中存在多个了解同一领域专业知识的情况，用户往往倾向于听取领域专业知识水平较高的用户的建议；用户专业知识的数据来源可以是用户标签、用户查询信息、用户交流中高频词信息以及用户发布的动态信息等。用户信任程度是进行用户推荐和产品推荐的关键因素，信任程度越高，接受推荐的可能性越高，用户信任程度可由用户交互级别和用户专业知识来计算。故本章基于用户交互级别、用户专业知识水平和信任程度来进行社区划分，以保证社区划分可靠性。

6.4.1　用户交互级别

在社区划分过程中，一方面，用户交互水平影响用户之间信任关系；另一方面，社交网络使用户能通过各种社交活动进行交流，如发送消息、发表评论、推荐链接等，因此，社交互动可以影响关系强度。与现有研究相比，本章用户交互水平的计算加入了时间因素，使用户关系强度更具时效性、社区划分更为准确。

用户交互级别指根据用户在一段时间内的社交活动频率计算用户之间的交互程度。首先，计算正在时间段 t 内用户 A 与朋友 B 之间的互动次数（NoI）；然后，计算用户 A 与其所有朋友在同一时期的交互总数（NoI_{all}），用户交互级别（LoI）计算公式为：

$$LoI(A, B)_t = \frac{NoI(A, B)_t}{NoI_{all}(A)_t} \tag{6-1}$$

其中，t 是用户 A 与朋友 B 之间互动最初到当前互动日期之间的时间段，NoI 是用户 A 与朋友 B 在 t 时间段互动的次数，NoI_{all}是用户 A 与所有朋友在 t 时间段内互动总数。

6.4.2 用户专业知识水平

用户专业知识水平量化活动用户在他的知识查询中获取到的朋友反馈建议带来的使用体验。在移动社交网络中，信息交流和知识获取贯穿于整个网络，用户需要不断获取专业知识以应对复杂、多元社交环境。每个用户可具有多个不同的专业知识，用户之间可进行知识的传递以弥补互相之间的知识漏洞，同时，不同用户间可具有相同的专业知识但其专业知识水平有所差异。因此，在用户推荐中，需要对目标用户推荐专业知识水平更好的用户。如图 6－4 所示，目标用户为 A，其好友用户包括 B_1、B_2、B_3、B_4、B_5。若用户 A 想查询有关运动方面的专业知识，可向用户 B_1、B_4、B_5 请求提供相关信息，并对用户 B_1、B_4、B_5 反馈的信息进行比较，调用用户 B_1、B_4、B_5 间使用体验较为满意的专业知识，供用户 A 采纳。故本章提出用户专业知识水平的概念，并用于计算用户间信任程度。用户专业知识水平（LoE）计算公式为：

$$LoE(A, B) = \frac{\sum_1^n use_i(B \rightarrow A)}{\sum_1^n all_i(B \rightarrow A)} \tag{6-2}$$

其中，LoE(A, B) 表示用户 A 对用户 B_i 专业知识水平的评价计算表示，n 表示用户 B 专业知识领域总数，i 表示用户 B 的第 i 个专业知识领域，$\sum_1^n use_i(B \rightarrow A)$ 表示用户 B 对用户 A 给予的所有专业知识领域的有用信息的总数，$\sum_1^n all_i(B \rightarrow A)$ 表示用户 B 给予用户 A 的所有专业知识信息的总数。

6.4.3 融合用户交互级别和专业知识水平的信任程度

目前，大多数基于用户信任的好友推荐主要考虑用户间关系、交互级别、共同好友比例等，但是忽略了时间和用户的真实需求，用户间的关系可能随着时间

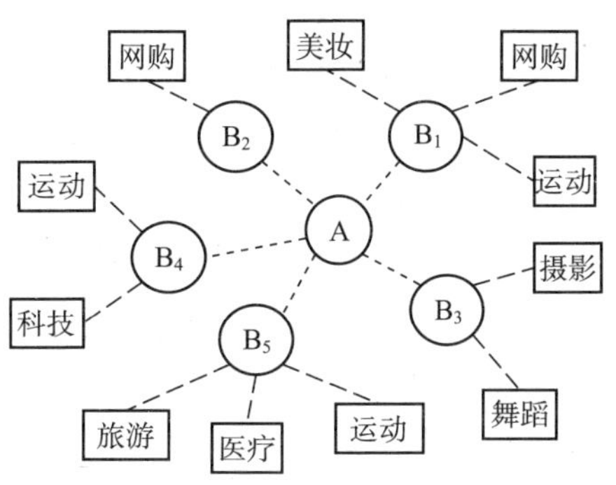

图 6-4　用户专业知识水平网络

的变化而变化，用户间的交流除了娱乐外更多的是知识获取，用户间除了推荐更为志趣相投的好友，同时也可根据用户的专业知识水平进行知识服务推荐。因此，本章除了引入用户交互级别等一般好友推荐因素，同时将用户专业知识水平列入用户信任程度及服务推荐的衡量因素之一。因此，为了更好地实现好友推荐及信息服务推荐，本章通过计算用户信任值作为用户社区划分的指标，并用来进行用户间好友及信息服务推荐。信任值（LoT）根据用户交互级别和用户专业知识水平来计算，计算公式为：

$$\mathrm{LoT}(A,\ B)=\alpha\times \mathrm{LoI}(A,\ B)_t+\beta\times \mathrm{LoE}(A,\ B) \tag{6-3}$$

其中，$\beta=1-\alpha$。

现有基于用户信任度的好友推荐研究中大多使用静态阈值，丧失部分真实性。故本章提出动态信任阈值 γ，以适应多变的环境及每个用户。动态信任阈值计算为：$\gamma=\frac{\sum \mathrm{Distinct}(t_i)\in T\,t_i}{i}$。T 是 A 对其所有朋友的信任等级列表，而 $\mathrm{Distinct}(t_i)$ 是 T 中不同值的列表。如果 $\mathrm{LoT}(A,\ B)\geq\gamma$，则可向用户 A 推荐用户 B。

6.5　基于用户关系和兴趣的相似度计算

用户相似度是根据用户社交关系及用户兴趣等计算两个用户之间的相似度。基于用户社交关系的相似度计算充分利用了用户的现有关系及交互现状，具有时效性，也保证了用户间的信任度；基于兴趣的相似度计算能充分挖掘用户兴趣爱好，能让拥有共同兴趣爱好的人成为朋友，弥补了以用户关系建立的好友网络的缺陷。

6.5.1　基于用户兴趣相似度计算

基于用户兴趣相似度的研究主要集中于微博、Twitter、Pinterest 等以兴趣社交为主的应用领域，其通过用户在社交网络中浏览信息痕迹、发布动态（包括文字、图片、链接、标签等）等为数据源挖掘用户兴趣。用户兴趣挖掘主要是对用户发布信息的语义特征进行挖掘，主要方法有 TF－IDF 值计算（提取用户兴趣关键词及权重，构成向量并用余弦值计算得出用户兴趣相似度）和主题模型（如 LDA，将用户兴趣看作文档，通过机器训练提取主题分布及主题中关键词分布，以计算相似度）等。通过计算不同用户的兴趣相似度，一方面可帮助用户找到兴趣好友；另一方面可便于相同兴趣用户互相推荐信息、产品及相关资源，在一定程度上，解决了信息过载问题。本章采用 TF－IDF 方法，提取与用户文本信息中的兴趣关键词，并计算每个兴趣关键词的权重即 TF－IDF 值，最后用余弦相似度计算用户兴趣相似度，其计算公式为：

$$\text{Interest}(A, B) = \cos(A, B) = \frac{\sum_{1}^{n} a_i \times b_i}{\sqrt{\sum_{1}^{n} a_i^2} \times \sqrt{\sum_{1}^{n} b_i^2}} \tag{6-4}$$

其中，用户 A 和用户 B 分别用（a_1，a_2，…，a_n），（b_1，b_2，…，b_n）表示，n 表示所有关键词总数，a_i 和 b_i 分别表示用户 A 与用户 B 的第 i 个兴趣文本关键词的 TF－IDF 值。

6.5.2　基于用户关系相似度计算

基于用户关系相似度的社交应用主要有基于亲友和同事的应用（如微信、QQ、Facebook、MySpace）、职场类应用（如 LinkedIn、猎聘网等）、密友类（如 Secret、Path）等，均以真实的社会关系进行社交。在现有研究中主要通过用户间共同好友比例、互动频次、用户间网络距离来衡量用户间关系强度及用户关系相似度，并以此来推荐好友。如 QQ 中推荐好友的方式就采用了共同好友比例因素，但仅以共同好友比例来推荐朋友有失真实性。随着时间的推移，用户生活环境和兴趣爱好均呈现动态变化趋势，因此须考虑时间因素带来的变化，而用户间互动频次是衡量用户关系的因素之一。因此，本章采用融合用户共同好友比例及互动频次来计算用户关系相似度。用户共同好友比例及用户关系相似度计算如下：

$$\text{Common}(A, B) = \frac{|\text{out}(A) \cap \text{out}(B)|}{\sqrt{|\text{out}(A)||\text{out}(B)|}} \tag{6-5}$$

其中，Common(A，B) 表示用户 A 与用户 B_i 的共同好友比例，out(A) 和 out(B) 分别表示用户 A 与用户 B 好友集合，out(A) ∩out(B) 表示用户 A 与用户 B_i 共同好友数，|out(A)|和|out(B)|分别表示用户 A 与用户 B 集合中好友总数。

$$\text{Relation}(A, B) = \alpha \times \text{Common}(A, B) + \beta \times \text{LoI}(A, B)_t \tag{6-6}$$

其中，$\beta = 1 - \alpha$，且由于用户间互动频次比共同好友比例更能反映好友真实关系，故取 $\alpha \leqslant \beta$。

6.5.3　基于用户关系及用户兴趣相似度计算

本章融合基于用户兴趣相似度计算及用户关系相似度计算，力求准确地计算用户间相似程度，以便推荐给用户最大可能性好友，计算公式为：

$$\mathrm{sim}(A, B) = \alpha \times \mathrm{Interest}(A, B) + \beta \times \mathrm{Relation}(A, B) \tag{6-7}$$

其中，$\beta = 1 - \alpha$，由于有些社交网站侧重于兴趣爱好，有些社交网站偏重于关系，则在 α 与 β 的取值视情况而定。

6.6　基于社区划分和用户相似度的好友信息服务推荐算法

6.6.1　算法思想

社交网络可看作由一个个网络节点组成的复杂网络，每一个节点代表一个用户，根据用户间关系和兴趣相似度联系起来的节点就会形成具有某种特征的社区团体，社区内部节点联系紧密，社区外部联系则较少。如由关系联系起来的家庭社区网络、由兴趣爱好组成的虚拟关系网络（如游戏社区、论坛社区等）。社区发现的概念起源于20世纪60年代，有赫伯特·西蒙（Herbert Simon）提出了复杂系统具有模块结构特性的概念，2002年格万（Girvan）与纽曼（Newman）提出了GN社区发现算法用于研究非重叠社区发现的研究；现有社区划分算法中广泛使用纽曼（Newman）提出的社区模块度划分算法和博龙德（Blonde）提出的模块度增量函数与相似度计算方法。

本章将采用优化的模块度增量算法来进行社区划分，实现社区内节点高联系性、高相似度，社区间低联系、低相似度的目标，保证社区划分真实性、精准性。本章首先选取社交网络中其中一个节点，作为原始社区，然后增加一个节点，通过计算节点与原始社区之间的交互级别、专业知识水平、信任程度、用户相似度等来判断用户是否可加入原始社区，依次重复以上操作，直到所有节点均属于某一社区中，即可结束社区划分。具体社区相似度计算公式如下：

$$\mathrm{sim}(a_j, C_k) = \frac{\sum_{a_i \in C_k} \mathrm{sim}(a_i, a_j)}{n_{(a_j, C_k)}} \tag{6-8}$$

其中，$sim(a_j, C_k)$ 表示社区节点 a_j 与社区 C_k 的相似度，$\sum_{a_i \in C_k} sim(a_i, a_j)$ 表示用户节点 a_j 与社区 C_k 内的用户节点相似度的累加和，$n_{(a_j, C_k)}$ 表示节点 a_j 与社区 C_k 相连的节点数目。当加入节点 a_j 后，社区模块度增量 $\Delta Q > 0$ 时，说明该节点与社区 C_k 内节点联系紧密且相似度较高，故可加入社区，反之不可。ΔQ 计算公式如下：

$$\Delta Q = \left[\frac{\sum_{in} + 2\sum_{a_j,in}}{2m} - \left(\frac{\sum_{tot} + \sum_{a_j}}{2m}\right)^2\right] - \left[\frac{\sum_{in}}{2m} - \left(\frac{\sum_{tot}}{2m}\right)^2 - \left(\frac{\sum_{a_j}}{2m}\right)^2\right] \tag{6-9}$$

其中，m 为社交网络中所有节点相似度之和，$\sum_{in}$ 是社区 C_k 内所有节点间相似度之和，$\sum_{tot}$ 是社区 C_k 内所有节点与其他所有节点相似度总和，$\sum_{a_j}$ 是节点 a_j 与网络中所有节点相似度之和，$\sum_{a_{j,in}}$ 指节点 a_j 与社区 C_k 内所有节点相似度总和。

6.6.2 好友推荐及信息服务推荐流程

本章提出的基于社区划分和用户相似度的好友及信息服务推荐流程如图 6－5 所示，首先获取目标用户的好友列表、用户领域知识查询日志及用户社交文档日志，按照社区划分的算法思想，先计算用户 A 与首位推荐者的用户信任程度、用户相似度等以便进行社区划分，并将社区划分与用户相似度进行加权得到推荐综合值，依次重复此步骤，直到社区节点划分完全，得到推荐用户及用户专业知识领域服务综合值排名列表，向目标用户进行 TOP－K 潜在好友及信息（用户专业知识）服务推荐。综合社区划分和用户相似度的定义，目标用户 U_i、U_j 间最终推荐度 Recommendation 记为：

$$Recommendation(U_i, U_j) = LoT(U_i, U_j) + sim(U_i, U_j) \tag{6-10}$$

具体步骤如下：

输入：社团模块度增量矩阵，用户微博文本信息集。

输出：候选 Top－N 好友推荐列表，候选 Top－K 推荐项目列表。

（1）根据公式（6－9）社区划分结果，找出目标用户所在社区团体，将所在社区的所有用户（除目标用户外）作为候选集。

（2）对目标用户及候选集内用户微博信息进行预处理，提取用户间关系信息及博文信息等，根据公式（6－3）、公式（6－7）计算用户间信任度、相似度。

（3）根据公式（6－10）计算各用户与目标用户间的推荐值大小，通过排序，选择 Top－N 个用户作为候选好友推荐集；同时根据公式（6－2）在 Top－N 个用户候选集中选取 Top－K 个专业知识更强用户的领域项目作为推荐项目候选集推荐给目标用户。

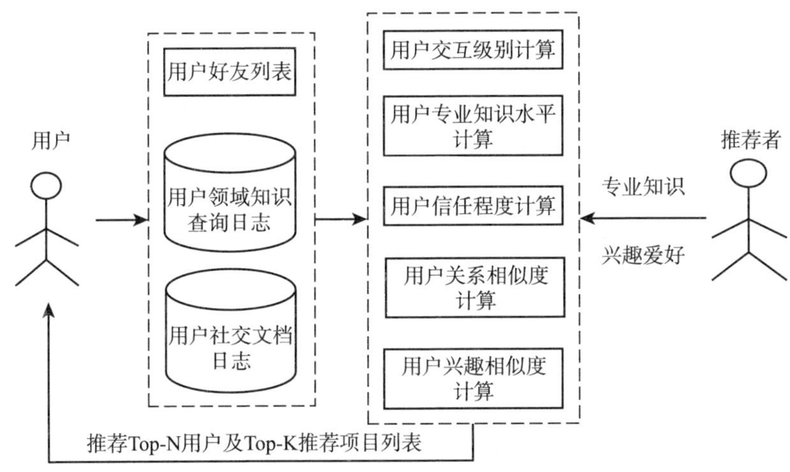

图6-5 基于社区划分和用户相似度的好友信息服务推荐流程

6.7 实验及结果分析

6.7.1 实验数据及分析

本章通过网络爬虫技术及新浪微博提供的 API 获取 2 678 名微博用户的数据，经数据预处理之后（如剔除仅注册但不使用的用户信息等）获得 2 452 名微博用户信息，包括用户间关系、用户博文信息、用户搜索信息等数据。为保证时效性，本章选取近一个月的用户数据，通过数据清洗、计算，将 2 452 名用户划分为了 123 个社区。由于用户较多，社团划分数量也较多，为方便分析，本章选取 uid 为 3957847045 的用户为目标用户，目标用户处在拥有 23 人的大部分属于武汉高校学生的社区团体中（见表6-1）。另外，本章选取每个用户所发微博的前 25 条微博，并将 25 条微博合成一个文本，利用 Java 开源项目 anjs 对文本进行处理，包括分词和词性标注、特殊数据处理（如删除表情符号、停用词等），最后计算各用户的 TF-IDF 值，对比发现他们使用最多的词集中在新闻、阅读、明星、音乐等，可认为目标用户与其他用户共同兴趣集中在新闻、阅读、明星、音乐等。通过用户公式（6-1）到公式（6-10）计算目标用户之间的相似度数值，为计算真实，分别取公式（6-3）、公式（6-6）、公式（6-7）中 α 值为 0.1~0.9，β 值为 0.9~0.1，计算结果如图 6-6 所示。

可看出当 $\alpha=0.7$、$\beta=0.3$ 时，用户间相似度最高，即用户兴趣占比 0.7，用户关系占比 0.3 时用户相似度计算较为准确（详见表 6－1、图 6－6）。

表 6－1　目标用户所处社区部分用户信息

用户 uid	性别	年龄（岁）	地址	学校	标签
3756492577	女	23	湖北武汉	湖北工业大学	电子商务、旅游美食
5465669588	女	—	湖北武汉	湖北工业大学	电子商务、旅游、美妆
5789346787	男	—	湖北武汉	—	—
3959626979	女	21	湖北武汉	南昌航空大学	—
3896836555	女	23	湖北武汉	湖北工业大学	阅读、唱歌
2597403547	女	—	湖北武汉	—	文艺、时尚、教育就业
5397495230	男	—	湖北武汉	湖北工业大学	校园生活
3966350047	女	19	安徽合肥	—	明星、直播、美妆
1615274051	女	23	湖北武汉	湖北工业大学	听歌、游戏动漫、看小说、美食爱好者、文字控

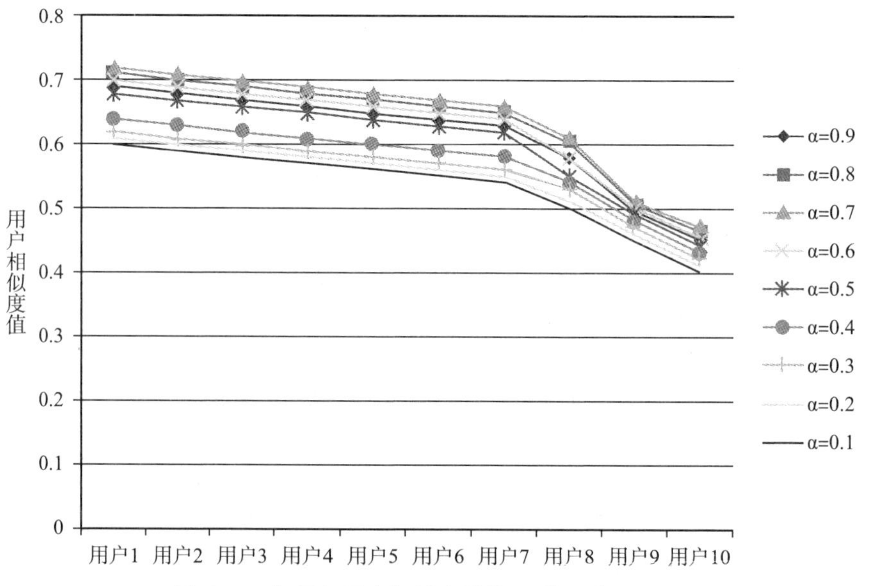

图 6－6　与目标用户相似度排前 10 的用户相似度

6.7.2　推荐结果与分析

为验证基于社区划分和用户相似度的好友信息推荐的有效性和准确性，本章通过获取推荐反馈数据信息，对推荐结果进行统计分析，将本章好友信息服务推荐方法与传统推荐方法（即只考虑用户信任关系的推荐方法、只考虑用户兴趣的推荐方法）和主流推荐方法（GN 算法、FN 算法和 MCL 算法）的结果进行对比，为确保实验结果可信度，分别取推荐总数 K 为 5、10、20，主要从准确率、召回率及 F 指标（即综合准确率与召回率的指标）3 个方面进行评价，分别如图 6-7～图 6-11 所示；γ 由经验判断当好友推荐率高时，好友间信息推荐率也高，故取 γ=0.5。计算公式分别如下：

$$准确率=\gamma\frac{推荐出的已成为好友的用户数量}{推荐的好友总数}+(1-\gamma)\frac{推荐出的有用信息数量}{推荐信息总数} \tag{6-11}$$

$$召回率=\gamma\frac{推荐出的已成为好友的用户数量}{测试集中用户好友总数}+(1-\gamma)\frac{推荐出的有用信息数量}{测试集中用户推荐信息总数} \tag{6-12}$$

$$F指标=\frac{2\times准确率\times召回率}{准确率+召回率} \tag{6-13}$$

从图 6-7 可以看出，推荐项目 K 越大，算法准确率逐渐降低、召回率及 F 指标逐渐增大，符合实际情况；从图 6-8、图 6-9、图 6-10 中可看出，本章推荐结果的准确率、召回率、综合准确率和召回率的 F 指标测量值均高于传统推荐算法（即只考虑用户兴趣的推荐方法和只考虑用户信任关系的推荐方法），表明本章基于社区划分和用户相似度的好友信息推荐算法的准确率较高，提高了社交网络中用户推荐及信息服务推荐的准确度。从图 6-11 可看出，本章推荐方法的准确率、召回率、F 值均较高，都比 GN、MCL 算法高，但召回率略低于 FN 算法，表明本章推荐方法的社区划分效果更好，质量更高，推荐结果更为准确，详见图 6-7～图 6-11。

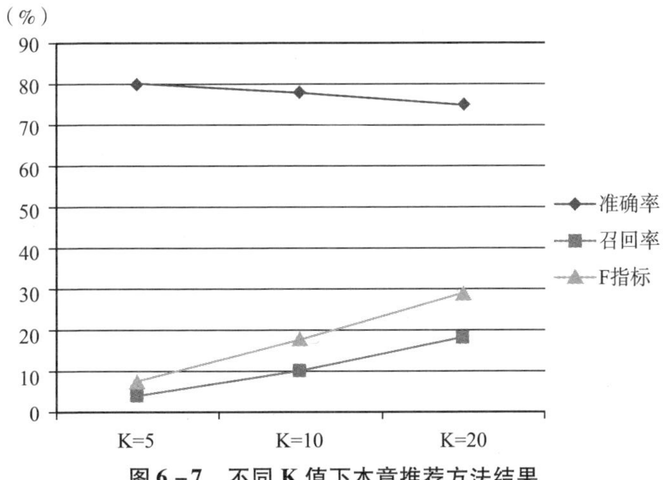

图 6-7　不同 K 值下本章推荐方法结果

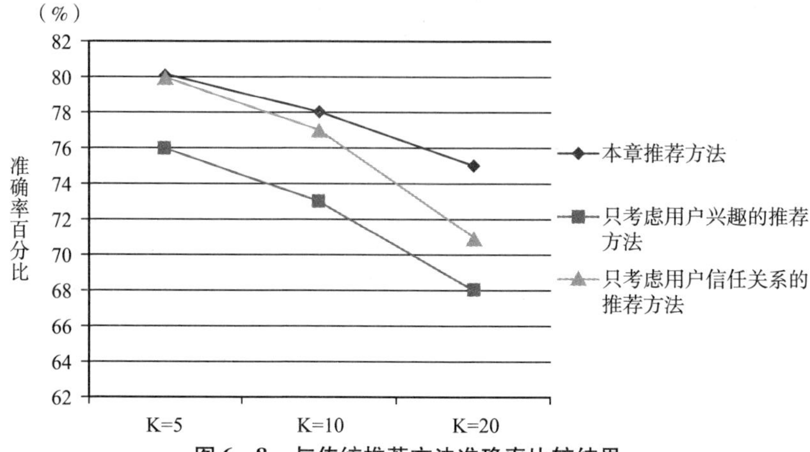

图 6－8　与传统推荐方法准确率比较结果

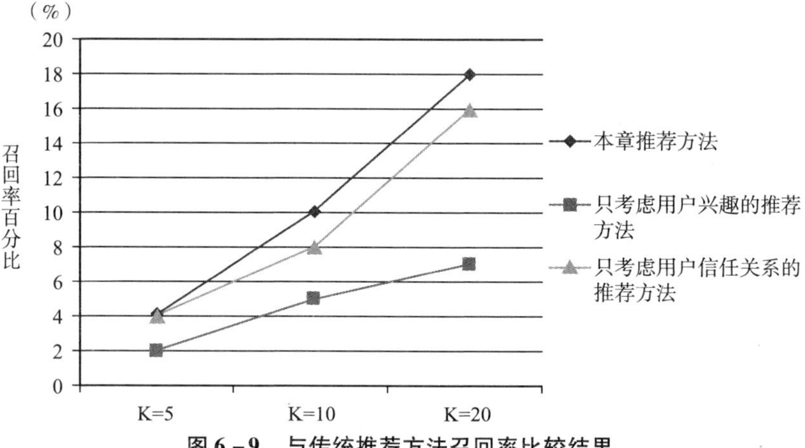

图 6－9　与传统推荐方法召回率比较结果

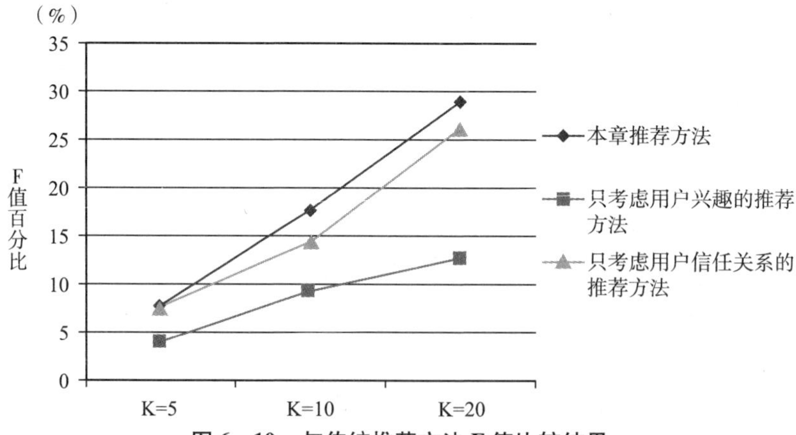

图 6－10　与传统推荐方法 F 值比较结果

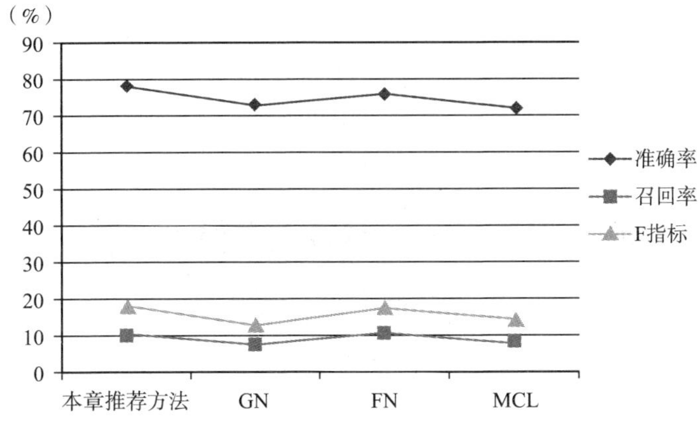

图6-11 K=10时本章推荐方法与主流方法比较结果

6.8 本章小结

本章提出了基于社区划分和用户相似度的好友信息服务推荐方法，构建了基于社区划分和用户相似度的好友信息服务推荐方法，并提出从用户交互级别、用户专业知识水平和用户信任度3个方面进行社区划分，在社区划分的基础上，基于用户关系和用户兴趣相似度综合计算用户相似度，并根据用户相似度排名进行用户及信息的推荐。实验证明，社区划分能提高推荐效果，基于社区划分和用户相似度的推荐方法比传统推荐方法更加准确，不仅解决了用户寻求志同道合的好友的初衷，同时根据每个用户的专业知识领域方面的学识解决目标用户的问题，在一定程度上解决了信息过载、用户无目的搜索等问题。但本章并未提出解决社区划分效率的方法，而在社交网络推荐系统中推荐效率与准确率同等重要，故在今后的研究中，将在保证推荐准确率的情况下进一步提高推荐效率。

本章通过拓展用户潜在好友关系，提高移动社交网络中好友推荐效率及好友信息服务推荐的准确性和可信性。首先，构建基于社区划分和用户相似度的好友信息服务推荐模型；其次，基于用户交互级别、用户专业知识水平、信任程度对社区进行划分，并基于用户关系和用户兴趣计算用户相似度；再其次，融合社区划分和用户相似度实现好友及信息服务的推荐；最后，通过实验验证了推荐方法的准确性。该模型实现了移动社交网络用户的好友准确推荐及信息服务精准可信赖推荐，更好地服务并满足用户多样性需求。

第 7 章

移动社交网络信息服务持续使用意愿

7.1 社交网络服务持续使用意愿

移动社交应用发展迅猛，但同质产品现象严重，各社交软件间存在激烈竞争，如国外 Instagram 与国内微博、国内微信与 QQ 等，均存在同质问题，多种社交应用如何被用户采纳则需根据用户兴趣及需求而定，而移动社交网络平台在经过用户初始采纳阶段后，用户规模也基本达到峰值。移动社交应用需不断创新、优化平台功能及服务，刺激用户持续使用，提高用户体验，增强用户黏性。国内外学者针对用户持续使用意愿的研究已应用于多个领域，如移动社交网络、移动电子商务、移动电子政务等，均在 ECM、ISSM、TAM 等模型基础上引入相关变量，来揭示用户持续使用意愿的影响因素，且作用显著。另外，根据用户在移动社交应用上的交互行为，可将用户分为主导型（或重度用户）与浏览型用户（或轻度用户），其中主导型用户更多的是积极发布、回应、共享移动社交信息，浏览型用户更多的是使用移动社交设备在移动社交应用上注册、浏览和搜索信息和人员，此分类有助于研究不同类型用户的持续使用意愿影响因素。

鉴于此，本章从用户行为感知的视角，将用户分为主导型用户和浏览型用户，分析可能影响这两种类型用户的持续使用因素，结合相关理论模型构建基于用户行为感知的移动社交网络持续使用模型，并通过实证分析验证理论假设的准确程度，为相关理论研究提供借鉴基础，也为在激烈的社交网络环境中，继续维持用户与移动社交网络供应商的长期关系，提升供应商盈利能力和广告收入，保障移动社交网络公司稳定可持续发展。

7.2 相关理论概念

7.2.1 持续使用意愿

在国内外现有研究中，TAM（Davis，1989）用于解释人们使用信息技术的原因，认为感知有用性、感知易用性等外部因素影响用户使用态度及其行为，并广泛运用于信息系统中，如移动医疗、移动互联网、移动支付、手机游戏等；UTAUT（Venkatesh et al.，2003）理论扩展了TAM的概念，应用范围更广泛，已被用来检查移动数据服务、移动技术和移动互联网的用户采用情况，但没有考虑技术特点；ECM（Bhattacherjee，2001）应用最为广泛，如社交网站、IPTV、微信等方面的研究，期望确认度对用户满意度与持续使用意愿有一定影响；TTF（Goodhue & Thompson，1995）指出，信息技术驱动用户只有在其功能特性满足其任务需求时才能积极使用，且任务技术契合度影响用户满意度及持续使用行为，TTF被用来理解用户采用移动工作和基于位置的服务；另外，ISSM模型提出系统质量，信息质量和服务质量决定用户使用信息系统的意图和用户满意度，罗旭红等基于ISSM模型研究了移动支付用户的持续使用意愿影响因素，验证了ISSM模型的适用性；IDT（Rogers，1995）已被普遍应用于新技术和服务，以预测其采用行为，该理论认为有些人比其他人更愿意尝试创新思想和技术，陶、周和金（Tao，Zhou & Kim）分别运用IDT理论研究了移动互联网站点的持续使用意向、影响大学生智能手机应用的因素分析；双因素理论与使用满足理论均提出了用户动机（或激励需求），包括功利需求（如信息需求）、享乐需求（如娱乐性）、社会需求（如结交朋友等），并指出用户的需求动机影响其使用信息技术的决定；TPB与社会影响（SI）模型均指出主观规范影响用户持续意向及行为意向；另外TPB与社会交换理论均指出信任因素影响用户持续使用意愿及满意度，并指出影响用户信任程度的因素包括个人隐私泄露、感知风险、安全性及不确定性问题等；VAM属性包括感知价格和感知价值，提出个人的技术采用是在使用技术中感知成本之间权衡的结果，邓晓玲验证了VAM模型感知价值因素对移动购物用户持续使用意愿的影响；另外，刘人境、金、刘莉等人分别引入了习惯、感知转换成本、社会认可等变量验证其对社交网络用户持续使用意愿及实际使用行为的影响。

7.2.2　移动社交网络信息服务

移动社交网络信息服务，简单来说，即用户在使用移动社交软件时所享受到的一切服务，包括即时通信服务、交友服务（包括熟人与陌生人）、移动定位社交服务、移动社会化问答服务、个性化推荐服务、移动社交关联服务等；吉罗拉米、凯萨和索伦托（Girolami，Chessa & Caruso，2015）将移动社交网络服务分为基于内容的服务（为视频和图像共享、数据流、多媒体应用、博客发布和推荐而设计）、基于网络的服务（包括消息系统和互联网接入）、基于传感器的服务（包括 GPS 跟踪、基于位置的服务和环境监测）等。多种服务的集成一方面给予用户更高用户体验，强化用户对应用依赖感（亦即用户黏性）、提高用户忠诚度，引导用户持续使用行为；另一方面，用户信息泄露等潜在风险降低用户对平台的信任感，抑制用户持续使用意愿与行为。

为此，本章借鉴前人对持续使用意愿研究的影响因素及移动社交网络信息服务自身特点，确定相关研究变量，建立移动社交网络信息服务持续使用模型，验证各变量对移动社交网络用户持续使用意愿的影响。

7.3　研究模型与假设

7.3.1　基于用户行为感知的移动社交网络信息服务持续使用模型

通过对持续使用意愿相关理论及模型的研究，并结合移动社交网络信息服务特点，本章拟引入 VAM 模型中感知价值中感知风险、感知娱乐、信息获取 3 个因素，TAM 模型中感知有用性和感知易用性 2 个因素，ISSM 模型中系统质量、服务质量、信息质量等因素，以及其他理论中感知信任、感知转换成本、社会认可、个人创新等变量，建立基于用户行为感知的移动社交网络信息服务持续使用意愿模型，其中社会认可、个人创新、感知转换成本为影响主导型用户持续使用的因素；感知信任、知识获取、感知风险为浏览型用户持续使用的影响因素，如图 7 - 1 所示。

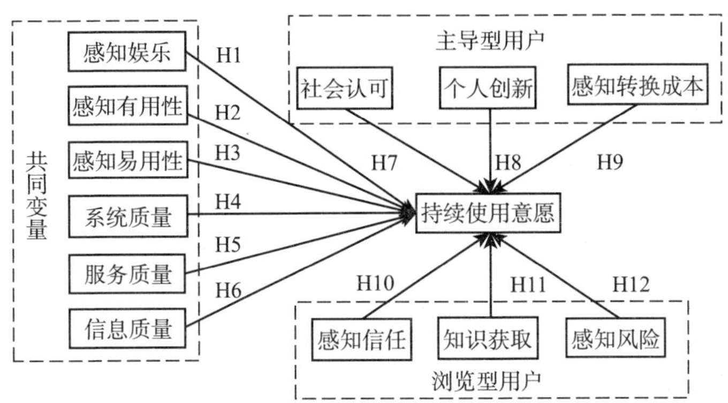

图7－1 基于用户行为感知的移动社交网络信息服务持续使用意愿模型

7.3.2 持续使用意愿理论假设

1. 主导型用户和浏览型用户共同影响因素

（1）感知娱乐（PP）

感知娱乐指移动社交网络带给用户愉快感的程度，愉快有趣的用户体验对用户决策起着重要作用。移动社交网络系统属于享乐系统，面向娱乐的信息系统的一些研究已经证实感知娱乐影响用户满意度及持续使用意愿。MSN 基本上被构建为一种社交环境，允许人们进行联系、交流、互相帮助和在线分享。在社会环境中，移动社交网络的服务不仅使人们建立联系，而且引起愉悦；林和陆（2011）进一步证实这些是人们继续使用 MSN 的主要原因。因此，本章作出如下假设：

H1a/H1b：感知娱乐正向影响持续使用意愿（CI）。

（2）感知有用性（PU）和感知易用性（PEOU）

TAM 提出，感知有用性和感知易用性是决定用户采用信息技术的两个主要因素，其中感知有用性指用户认为使用特定系统会提高其工作绩效的程度，感知易用性指学习和使用新技术所需的认知努力。感知的有用性已被确定为促进用户行为的重要因素，包括初始采用和采用后使用；常指出感知有用性和感知易用性可预测 MSN 中用户行为意图和持续意图。故本章提出以下假设：

H2a/H2b：感知有用性正向影响用户持续使用意愿；

H3a/H3b：感知易用性正向影响用户持续使用意愿。

（3）系统质量（SQ）、服务质量（QoS）与信息质量（IQ）

ISSM 模型被广泛用于信息系统相关研究，周等人引入系统质量、信息质量验证其对移动换联网站点的持续使用意向的影响；并指出系统质量、信息质量、服务质量决定用户使用信息系统的意图或满意度，其中系统质量反映了移动社交网络系统的访问速度、稳定性、导航、易用性及视觉吸引力等，若系统稳定性差、响应速度慢、界面设计不合理，用户可能会认为使用这个社交软件较困难，进而降低用户满意度；信息质量反映了信息的相关性、充分性、准确性和及时性，若呈现给用户的信息不准确或过时，用户将认为移动社交软件实用性差，从而降低用户满意度；服务质量反映了提供服务前与用户体验服务后的结果，如陌陌、探探等软件，根据用户个人资料、位置、兴趣爱好等信息，计算并推送身边相匹配的人，帮助用户认识可能感兴趣的朋友，若推荐给用户并不感兴趣的朋友，用户的服务体验将会降低，满意度降低。因此，作出如下假设：

H4a/H4b：系统质量正向影响用户持续使用意愿；

H5a/H5b：服务质量正向影响用户持续使用意愿；

H6a/H6b：信息质量正向影响用户持续使用意愿。

2. 主导型用户影响因素

（1）社会认可（SA）

在移动社交网络中，社会认同指移动社交网络用户在使用移动社交网络时得到来自其所属群体的情感与价值观上的认可。刘莉认为社会认可是检验在线社区存在的重要指标，也是用户参与社区的参考标准。当用户在某关系群体中找到归属感时，与成员之间的互动将更为频繁，社会认同感更强，持续使用意愿更强烈。故作出假设：

H7：社会认可正向影响主导型用户持续使用意愿。

（2）个人创新（PI）

个人创新源自 IDT 理论，指个人接受或更愿意尝试创新思想和技术的程度；该理论认为个人创新受到个人（如性别、种族、年龄）、社会（如教育和收入状况）及技术的影响。比如受教育程度越高、收入越高的用户，其尝试新技术、新思想的意愿越高，个人创新能力越高，持续使用意愿更强。故作出假设：

H8：个人创新正向影响主导型用户持续使用意愿。

（3）感知转换成本（PSC）

感知转换成本指用户从一个服务提供者转移到另一个服务提供者所需要的时间、金钱和认知努力。一些信息系统研究工作已证实，转换成本增加了用户的持续使用意图。金将影响感知转换成本的因素分为学习和网络规模，花费的时间精力越多，用户通过移动社交网络连接的人数越多，用户感知的转换成本越高，更难以转移到另一个 MSN，则会继续使用当前 MSN。故作出假设：

H9：感知转换成本正向影响主导型用户持续使用意愿。

3. 浏览型用户影响因素

（1）感知信任（PT）

感知信任指移动社交网络用户对社交平台、提供商及第三方的信任程度。对服务提供商的信任关系涉及提供商安全和隐私问题；用户的信任对于减轻隐私问题的影响和维持与MSN的长期关系至关重要；用户会担心MSN提供商非法收集并出售他们的隐私信息给第三方。因此，用户的信任影响其使用移动社交网络的意愿及行为，故作出假设：

H10：感知信任正向影响浏览型用户持续使用意愿。

（2）知识获取（KA）

知识获取指用户在使用移动社交网络过程中获取到的知识或经验等收益内容。移动社交网络在提供用户间联系与沟通的便捷性的同时也产生大量知识，供信息搜索者浏览和学习，当用户在移动社交网络中获取知识并提高其技能时，用户将持续进行搜索与浏览行为以获取知识，故作出假设：

H11：知识获取正向影响浏览型用户持续使用意愿。

（3）感知风险（PR）

感知风险指移动社交网络用户所感知到的个人信息或隐私泄露或被出售给第三方、私人财产受到损失等风险程度。目前的移动社交网络应用大多基于位置信息、个性化推荐等，这些技术或服务均需获取用户权限及使用信息等，这将使得用户信息暴露无遗，这也是浏览型用户所担心的问题，抑制了用户的持续使用意愿及行为。故作出假设：

H12：感知风险负向影响浏览型用户持续使用意愿。

7.4 实证分析

7.4.1 问卷设计

首先，本章通过阅读文献提出了相关研究变量，确定了19个研究变量，对每一个变量设置了2~4个测度项，同时由于本章将移动社交网络用户分为主导型和浏览型两类用户，在设置问卷时，让用户勾选其关于移动社交网络信息服务的体验，如是否发布、回应、共享移动社交信息较多或是否在移动社交应用上注册、浏览和搜索信息较多。问卷采用Likert 7级量表，问题打分由1到7分，1表示“完全不同意”，7表示“完全同意”，问卷修订完全之后在问卷上发布问卷，最后回收问卷。

7.4.2 数据收集

课题组通过问卷平台一共回收634份问卷，筛选具有半年以上移动社交经验的数据，剔除无效问卷 32 份，有效问卷 586 份（有效率 92.43%），其中主导型用户 231 人（占 39.42%）、浏览型用户 355 人（占 60.58%）；另外，从调查数据可看出，移动社交网络用户主要是年轻人，其中学生人数占总调查人数 63.82%，是移动社交网络的主要调查对象。有效样本具体情况见表 7 – 1。

表 7 – 1　　有效调查样本的人口统计特征

样本统计特征	类别	频次	百分比（%）	样本统计特征	类别	频次	百分比（%）
性别	女	324	55.29	教育程度	大专及以下	98	16.72
	男	262	44.71		大学本科	302	51.54
年龄	≤18 岁	68	11.60		硕士研究生	121	20.65
	19 ~ 25 岁	301	51.36		博士研究生	65	11.09
	26 ~ 35 岁	162	27.65	职业	学生	374	63.82
	36 ~ 45 岁	39	6.66		教师	36	6.14
	≥46 岁	16	2.73		企事业单位员工	89	15.19
					其他	87	14.85

7.4.3　信度效度分析

信度分析即可靠性分析，用来反映各个测量项是否与测量变量一致。本章用 α 系数值与 CR 值对测量模型内部一致性进行评估。一般认为，当 α 系数值与 CR 值均大于 0.7 时，各测量项具有较好的信度与内部一致性。本章用 SPSS 21.0 对问卷数据进行分析后分别得出主导型用户与浏览型用户总体 α 系数值为 0.969、0.977，这说明问卷整体信度均较高。另外，本章给出了每个变量测量项的因子载荷、变量 α 系数值及 AVE 值，可看到标准因子载荷及 AVE 值均在 0.5 以上，说明问卷具有较高收敛效度；与此同时，本章通过 KMO 和 Bartlett 检验问卷结构效度，分别得到主导型用户和浏览型用户整体 KMO 值 0.897、0.912，Bartlett 球体检验显著，各变量的 KMO 值均大于 0.5，每个测量变量的 AVE 都大于其与其他变量之间的相关系数，说明模型中的测量变量之间具有良好的区分效度。具体如表 7 – 2 所示。

表 7 – 2　　信度和效度分析检验结果

主导型用户（N＝231）						浏览型用户（N＝355）					
变量	测量项	因子载荷	α 系数	CR	AVE	变量	测量项	因子载荷	α 系数	CR	AVE
PP	PP1	0.929	0.985	0.972	0.867	PP	PP1	0.793	.856	0.802	0.598
	PP2	0.934					PP2	0.753			
PU	PU1	0.814	0.889	0.812	0.606	PU	PU1	0.797	0.863	0.803	0.603
	PU2	0.741					PU2	0.756			
PEOU	PEOU1	0.813	0.988	0.860	0.662	PEOU	PEOU1	0.779	0.937	0.796	0.595
	PEOU2	0.814					PEOU2	0.763			
SQ	SQ1	0.871	0.925	0.880	0.683	SQ	SQ1	0.830	0.901	0.870	0.669
	SQ2	0.798					SQ2	0.788			
	SQ3	0.808					SQ3	0.835			
QoS	QoS1	0.853	0.887	0.899	0.704	QoS	QoS1	0.796	0.873	0.810	0.607
	QoS2	0.841					QoS2	0.735			
	QoS3	0.822					QoS3	0.804			
IQ	IQ1	0.876	0.937	0.900	0.735	IQ	IQ1	0.835	0.898	0.812	0.683
	IQ2	0.876					IQ2	0.843			
	IQ3	0.782					IQ3	0.750			
	IQ4	0.890					IQ4	0.872			
SA	SA1	0.751	0.884	0.788	0.595	PT	PT1	0.745	0.969	0.755	0.539
	SA2	0.791					PT2	0.743			
							PT3	0.714			
PI	PI1	0.776	0.854	0.829	0.633	KA	KA1	0.832	0.848	0.887	0.701
	PI2	0.815					KA2	0.843			
PSC	PSC1	0.819	0.991	0.832	0.695	PR	PR1	0.828	0.900	0.883	0.667
	PSC2	0.831					PR2	0.788			
	PSC3	0.851					PR3	0.834			
CI	CI1	0.853	0.981	0.924	0.719	CI	CI1	0.828	0.852	0.896	0.693
	CI2	0.843					CI2	0.837			

7.4.4 结构方程模型检验

本章采用 AMOS 17.0 对以上结构模型进行检验，得出本章结构模型路径系数和显著程度。本章提出针对主导型用户的 9 个假设均成立；针对浏览型用户 i 的 9 个假设中 H5b 不成立，其余假设路径系数均显著，表明假设均成立，检验结果如表 7-3 所示。

表 7-3　模型假设检验结果

主导型用户				浏览型用户			
路径假设	路径系数	P 值	检验结果	路径假设	路径系数	P 值	检验结果
H1a	0.326	***	支持	H1b	0.278	**	支持
H2a	0.288	***	支持	H2b	0.266	***	支持
H3a	0.515	***	支持	H3b	0.344	**	支持
H4a	0.423	***	支持	H4b	0.387	**	支持
H5a	0.592	***	支持	H5b	0.265	0.362	不支持
H6a	0.364	**	支持	H6b	0.426	***	支持
H7	0.326	***	支持	H10	0.315	***	支持
H8	0.258	***	支持	H11	0.502	***	支持
H9	0.394	**	支持	H12	-0.121	***	支持

注：*** 表示 $0 < P < 0.001$；** 表示 $0.001 \leq P < 0.010$。

从表 7-3 可看出：

（1）感知娱乐、感知有用性、感知易用性、系统质量、信息质量均正向影响移动社交网络用户的持续使用意愿；

（2）服务质量正向影响主导型用户持续使用意愿，但对浏览型用户的影响并不明显；

（3）社会认可、个人创新、感知转换成本均正向影响移动社交网络中主导型用户的持续使用意愿；

（4）感知信任、知识获取正向影响移动社交网络中浏览型用户；

（5）感知风险负向影响移动社交网络浏览型用户的持续使用意愿。

7.5 本章小结

本章通过引入感知娱乐、感知有用性、感知易用性、系统质量、服务质量、信息质量6个变量作为移动社交网络用户的持续使用意愿的影响因素，且显著性得到实证验证，唯一显著性不明显的是服务质量对浏览型用户的持续使用意愿影响不那么明显，究其原因可能是因为浏览型用户为深入了解移动社交网络平台的功能及服务，对其服务质量的感受不明显，说明移动社交网络平台在引导用户使用方面有所欠缺。另外，本章引入社会认可、个人创新、感知转换成本3个变量来探究其对移动社交网络主导型用户持续使用意愿的影响，验证表明影响显著，其中感知转换成本最为显著，这是由于一旦用户建立较为稳定的移动社交网络之后，再转移到其他社交网络需要花费更多时间和精力进行转移，且感知转换成本越高，用户持续使用意愿越高；此外本章针对浏览型用户持续使用意愿引入了感知信任、知识获取、感知风险3个因素，并验证感知信任、知识获取正向影响浏览型用户持续使用意愿，且知识获取显著性更大，说明移动社交网络的信息质量及其是否能提升用户知识技能对浏览型用户十分重要，这也是移动信息提供商关注的重点；感知风险是阻碍浏览型用户持续使用的重要因素，移动提供商需要从宣传、服务提供及引导使用等各方面提升浏览型用户信任感，降低其感知风险，以提高浏览型用户持续使用意愿，实现浏览型用户到主导型用户的转变。

综上所述，移动社交网络平台需要从娱乐性、系统质量、服务质量、信息质量等方面来提升平台使用效果，增强用户好感度，提升用户黏性。

（1）强化用户能直接感受的移动社交前端技术与服务，同时也不可忽视无法直接感受的后台数据多样性及平台稳定性等，注重开发界面简洁、操作便利且可持续使用的移动社交平台，提升用户忠诚度，促进持续使用意愿。

（2）通过用户细分，对核心用户群（如主导型用户）提供更准确、更高配置的服务，同时更需着重引导和刺激浏览型用户的使用，提升其对平台的依赖性，促使其向核心用户群转变，扩大用户群体，提升用户黏性，以激励移动社交网络用户持续使用意愿及行为。

本章以用户行为感知视角，研究影响移动社交网络主导型用户与浏览型用户持续使用的因素，为移动社交网络信息服务提供理论基础，并为移动社交网络提供商提出参考与应用借鉴。分析移动社交网络主导型用户与浏览型用户持续使用意愿影响因素，引入相关变量，构建了基于用户行为感知的移动社交网络信息服务持续使用意愿模型并提出假设，最后通过结构方程模型进行实证分析。感知有用性、感知易用性、感知娱乐、感知质量等因素均显著影响主导型及浏览型两类用户；服务质量、感知风险、知识获取、个人创新、社会认可、感知信任、感知转换成本等因素对两类用户有不同程度的影响。

第 8 章

移动社交网络用户影响力度量模型

8.1 移动社交网络用户影响力

移动社交网络是用户基于好友关系共享和发布信息的主要途径，该平台拥有海量的用户文本信息和交互过程中产生的链接关系。移动社交网络中能够在信息传播过程中起重要导向作用的权威用户被称为意见领袖，其影响力在社会舆论的演变过程中不可忽视。在移动社交网络的信息交互过程中，偏好相似的用户会形成一个基于兴趣话题的虚拟社区，即主题社区。主题社区中出现的热门话题会吸引大量用户进行互动并产生不同的观点，这些观点在意见领袖的影响下会形成不同的情感倾向。因此，如何基于主题社区来分析用户的交互行为和情感倾向，从而有效挖掘出高影响力用户对于社会管理、网络舆情监控、商业营销等方面具有重要的价值和意义。

目前，国内外已有许多关于移动社交网络影响力用户发现的研究。Tarokh 等人通过分析用户的行为特征属性和综合评价特征属性来获取用户属性的特征值，从而计算用户的影响力；李等人综合考虑了用户间的链接关系和发布信息的时间戳数据，提出了一种能够发现潜在影响力用户的排序方法；Ding 等通过构建“用户—内容”二部图，分析了用户节点和内容节点之间的链接关系，挖掘用户信息的传播规律，从而计算网络用户的影响力；田秀霞等人将用户属性相似度与节点间的链接关系相结合，构建了一种新的用户关系模型，该方法能够有效挖掘出具有较高影响力的用户；齐超等对用户之间产生的“评论”“转发”“提及”三种行为关系属性进行赋权，通过计算其行为特征值来发现影响力用户。但这些研究方法并不适用于大规模移动社交网络中用户影响力的计算，且影响因素考虑得不够全面，忽略了用户情感倾向对社会影响力的作用。用户的情感倾向决定了其对某一内容持认可还是否定的态度，根据交互信息来判断用户的情感倾向能够更准确地评估用户影响力。

基于此，本章从网络结构和社交属性的角度出发，综合考虑移动社交网络用户之间的交互信息、行为特征、情感倾向等因素，构建移动社交网络用户影响力评价模型。首先，对用户发布的信息进行话题识别并基于相似的兴趣话题构建主题社区；其次，从主题社区网络结构出发，根据用户之间的交互行为和特征来评估用户活跃度；再次，通过分析用户的交互信息及社交属性来计算用户的情感极性值；最后，结合用户的活跃度和情感极性分析结果构建用户影响力度量模型。

8.2 相关理论

目前关于移动社交网络中意见领袖挖掘的研究主要侧重在三个方面，即分别基于网络拓扑结构、用户交互行为、交互信息来衡量用户影响力。基于社会网络结构的方法主要包括局部聚类系数法、中心性法、PageRank 法。例如，韩忠明等人为改进传统 PageRank 算法的不足，将节点之间的关系强度和活跃度分别作为边和节点的权重来构建加权网络，提出了一种基于 PageRank 的改进方法；陈等人提出了一种大型社交网络用户影响力度量方法，通过分析节点的中介中心性、点度中心性来评估节点的半局部中心性。但只考虑社会网络结构的方法不能体现出节点受多因素影响的特征，缺少影响力评估的有效性。随后，学者们提出根据用户的交互行为来评价用户影响力。石磊等人分析了微博中用户的“转发”“评论”“提及”三种行为，构建了用户活跃度模型并对用户不同的活跃状态进行了分析；何建民等人通过构建多关系图谱来描述用户之间的关系，以社会资本测量为视角来度量用户影响力，通过计算用户在多关系图谱中游走行为发生的概率来识别意见领袖。但大型社交网络中的数据提取还存在局限性，且忽视了交互信息对影响力形成的重要作用，该方法的有效性和准确性还有待提高。巴萨韦（Basave）等人提出在构建节点影响力评估模型中考虑节点的交互信息能够有效提升评价模型的准确度。为改进传统影响力评价模型的不足，温格（Weng）等人通过综合分析社交网络的拓扑结构和用户间的话题相似度，提出了一种基于 Twitter Rank 算法的用户影响力评价模型。

总而言之，现有的影响力度量模型中还缺乏对用户交互行为、交互信息、网络结构的综合分析，单一地从某个维度来衡量用户影响力会降低意见领袖挖掘的有效性。此外，现有的研究大多数只考虑影响意见领袖识别的客观因素，忽略了用户交互信息中反映的主观情感因素，从而导致很难从移动社交网络中发现真正得到用户支持或认可的意见领袖。因此，意见领袖的识别需从用户交互行为、交互信息及情感倾向等维度入手进一步研究和完善。

8.3 基于交互行为和情感分析的用户影响力度量模型总体框架

为充分考虑移动社交网络中意见领袖识别的影响因素，本章从网络结构和社交属性的角度出发，分别对用户之间的交互行为和信息及情感倾向进行分析，利用话题识别、情感极性分析等方法来度量移动社交网络用户影响力，从而准确识别出意见领袖。本章提出的用户影响力度量模型总体框架如图 8 – 1 所示。

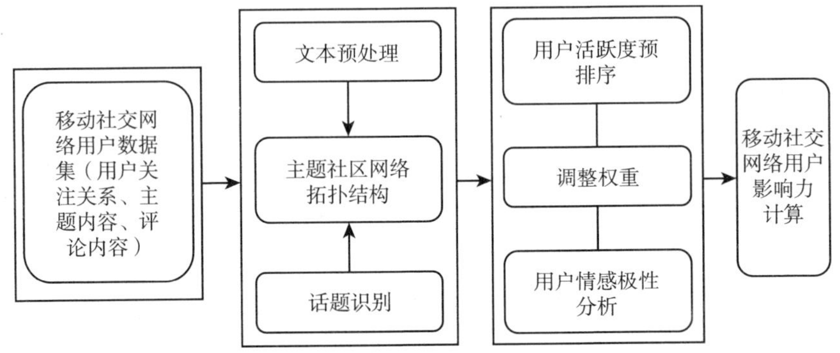

图 8 – 1　基于交互行为和情感分析的用户影响力度量模型计算框架

本章主要的工作包括：①通过对用户发布的文本信息进行分析，利用话题识别算法将相似的话题进行分类，并将节点映射到相应的话题中，构建主题社区网络；②根据主题社区网络结构分析用户在交互过程中的行为特征，利用用户的互动性、发布信息质量、创造力三个指标来衡量用户活跃度（用户在网络结构上的影响力），将用户活跃度进行排序以得到目标用户集；③利用极性词典对目标用户集中用户发布内容下的评论进行情感分析，计算该用户每条发布内容的情感极性值，从而计算用户整体情感极性值；④综合用户活跃度算法和用户情感极性值计算用户最终的影响力值。

8.4 主题社区发现

8.4.1 话题识别

在移动社交网络中，用户发布或评论的内容都与自身感兴趣的主题相关，兴趣相似的用户参与交互的话题也相似，而这些用户在交互过程中往往会形成一个基于主题的虚拟社区。提取该社区中的话题特征为节点属性的分析提供了语义支撑，有利于主题社区中意见领袖的识别。因此，构建主题社区的首要任务是对用户文本信息进行话题识别，从移动社交网络用户真实的数据中寻找热门话题。

算法 1：话题识别。为降低数据稀疏性对话题模型的影响，本章以微博为例设计了一种自适应话题识别算法，在实现过程中不断根据话题反馈信息对模型进行自学习并实现模型的更新。

本章将微博集合 $W = \{w_0, w_1, w_2, \cdots, w_n\}$ 中的每条微博内容通过预处理形成文本向量 $v_i = (tfidf_0, tfidf_1, tfidf_2, \cdots, tfidf_n)$，$V = \{v_1, v_2, \cdots, v_n\}$ 表示所有文本向量的集合；$T = \{t_0\}$ 为初始话题集，其中 $t_0 = v_0$。文本 v_i 与已有话题 t_j 的相似度 s_{ij} 如式（8－1）所示：

$$\begin{cases} s_{ij} = \text{similarity}(v_i, t_j) \\ tfidf_{i,j} = tf_{i,j} \times idf_i \times len_i = \dfrac{n_{i,j}}{\sum\limits_{k=1}^{K} n_{k,j}} \times \log \dfrac{|C|}{|\{c: w_i \in c\}|} \times len_i \end{cases} \tag{8-1}$$

若 $s_{imax} < \varepsilon$，则定义新的话题 t_{new}，同时，更新话题集 $T = \{t_{new}\} \cup T$；反之，则更新对应话题下的微博。根据话题集 T 得到对应的话题微博集 $B = \{B_0, B_1, B_2, \cdots, B_n\}$。其中，$tfidf_i$ 为分词 i 的词频——逆文档频率值，len_i、$|C|$ 分别表示分词 i 的长度和文档总数量，$n_{i,j}$、K 分别为分词 i 出现在文档 j 中次数、文档 j 中包含的分词总数，$|\{c: w_i \in c\}|$ 为包括分词 i 的所有文档数目，$\sum\limits_{k=1}^{K} n_{k,j}$ 为文档 j 中所有分词出现的总次数。

8.4.2　主题社区网络结构构建

根据上述结果，本章利用与某话题 t_i 对应的微博集 B_i 来构建主题社区的网络拓扑。首先，通过话题——节点映射的方法寻找微博集中的发布者，形成用户集合 U；然后，将原始网络中用户之间的交互关系融入用户集合中，从而构成主题社区网络。网络结构构建过程如算法 2 所示。

算法 2：主题社区网络结构构建

输入：用户集合 U

输出：主题社区网络结构（节点集 V、边关系集合 E、边权重）

```
把与话题微博集 B 对应的目标用户集 U 放入队列 Q
while（用户数未满足要求且 Q 非空）
do
```

从队列 Q 首部取出节点 u_i

提取节点 u_i 发布的属于该话题集的微博集 M

对微博集 M 中每条微博 mi

获取与 u_i 是好友关系并评论微博 m_i 的用户集 US（或者将转发微博 m_i 的下一跳用户作为用户集 US）

对用户集 US 中每个节点 u_i

如果（u_j，u_i）$\in$ E，则 $W_{j,i} = W_{j,i} + 1$

反之则建立新边（u_j，u_i）且 $W_{j,i} = 1$

将 u_j 加入队列 Q 和节点集 V

end while

8.5 移动社交网络用户影响力度量模型构建

8.5.1 用户活跃度排序

针对传统 Page Rank 算法的不足，本章提出了一种用户活跃度排序算法（UAR 算法）来评估用户在网络结构中的影响力。在计算过程中，首先，综合考虑用户的行为特征，利用用户互动性、用户创造力及发布内容质量三个指标来评价将用户在主题社区中发布、评论、转发微博的实际情况。然后，综合这三个指标系数计算用户活跃度，从而确定如何对具有关注关系的用户之间进行 UAR 值（节点权威值）的具体分配。该算法采用多个指标来对用户行为特征进行评价，充分考虑了影响用户活跃度的各种因素，并根据用户自身属性来确定 UAR 值，能够更客观地反映出真实情况。

定义 8.1：用户互动性。热门话题的形成过程中，意见领袖需要引导用户进行各种交流和互动，以在潜移默化中实现宣传或营销的目的。因此，分析用户的互动性是用户影响力度量过程的基础。在微博中，用户互动性即用户对其他用户的评论和转发情况，该用户对其他用户产生的评论和转发频数越多，则其互动性就越高。对于主题社区网络 G 中的节点 k 而言，节点 k 在某段时间 h 内对其他节点的评论及转发总次数用 M_i 来表示，该节点的互动性系数 I_i 如式（8－2）所示：

$$I_k = \frac{M_k}{h} \tag{8-2}$$

定义 8.2：用户创造力。在移动社交网络中，用户影响力不仅与用户之间的互动性相关还与用户发布的内容相关。用户发布内容的多少体现了其创造能力的大小，具有较高创造能力的用户在信息的传播过程中更具影响力。本章将用户创造力定义为在固定的时间段内该用户发表微博的次数。在移动社交网络中，用户 k 在固定时间段 h 内的微博发布次数用 N_k 表示，该用户的创造力 C_k 如式（8－3）所示：

$$C_k = \frac{N_k}{h} \tag{8-3}$$

定义 8.3：用户发布内容质量。在微博中，用户发布微博的质量即用户每条微博获得的评论与转发情况。采用该指标来评估影响力有利于避免部分用户通过发布大量毫无价值的微博来提升影响力排名。用户发布微博的质量越高，参与微博互动的用户就越多，其影响力就越广。在时间段 h 内，用户 k 发布的微博转发量和评论量分别为 R_k、C_k，N_k 表示用户 k 在该时间段内发表的微博总数，其微博质量系数 Q_i 如式（8－4）所示：

$$Q_i = \frac{R_i + C_i}{N_i} \tag{8-4}$$

定义 8.4：用户活跃度计算。为统一计量单位，对用户互动性、创造力、发布内容质量三个指标系数进行归一化处理，取值范围在 0～1 之间，权值均设为 1。综合三个指标值计算用户 k 的用户活跃度 A_k，如式（8－5）所示。其中，$maxC_k$、$maxI_k$、$maxQ_k$ 分别表示用户创造力、互动性系数、发布内容质量系数的最大值。在移动社交网络中，用户的互动性越高、创造能力越强、发布信息的质量越高，该用户的活跃度就越高，影响力也越大。

$$A_k = \frac{C_k}{maxC_k} + \frac{I_k}{maxI_k} + \frac{Q_k}{maxQ_k} \tag{8-5}$$

算法 3：用户活跃度排序算法。该算法主要根据用户之间的关注关系来对用户在移动社交网络中的活跃度进行排序，从而获得用户的权威性排名。如果用户 u_i 关注了 n 个用户，其中包括用户 u_j，则用户 u_i 分配给用户 u_j 的活跃度值比例 $A(u_i, u_j)$ 如式（8－6）所示。其中，$\sum_{k=1}^{n} A_k$ 表示用户 u_i 所有关注用户的活跃度总值。

$$A(u_i, u_j) = \frac{A_{u_i}}{\sum_{k=1}^{n} A_k} \tag{8-6}$$

根据 $A(u_i, u_j)$ 值计算用户 u_i 在主题社区中的 $UAR(u_i)$ 值（节点权威值），如式（8－7）所示。其中，$UAR(u_i)$、$UAR(u_j)$ 分别表示用户 u_i 和用户 u_j 的 UAR 值，初始 UAR 值为 1，m 为网页总数，$F(u_i)$ 为用户 u_i 的粉丝集合，

d 为阻尼系数，本章取值为 0.85。

$$UAR(u_i) = \frac{1-d}{m} + d\sum_{u \in F(u_j)} A(u_i, u_j)UAR(u_j) \tag{8-7}$$

最终的用户活跃度排序结果需要对整个计算流程进行不断的迭代计算，直到所有用户的 UAR 值趋于稳定状态，并对最终得到的 UAR 值进行排序，将排序结果作为目标用户集合，作为后面研究中情感极性分析的对象。

8.5.2 用户情感极性分析

在用户影响力评估过程中，不能仅考虑网络结构特征、用户行为特征，还要从语义去分析和判断用户对话题的看法和态度，即用户的情感倾向。在移动社交网络中，用户发布内容引发的评论充分体现了大众的真实情感，因此本章以新浪微博为例，将用户发表的微博评论作为分析对象。

传统的情感分析方法有机器学习方法和情感词汇语义特性方法，机器学习方法需经过对数据进行预处理、特征项的选择和降维、计算权重、应用分类器进行处理等一系列流程，最终得到情感极性的分类结果。情感词汇语义特性方法主要针对具有情感色彩的各种词汇进行分析来判定本章的情感极性。机器学习方法虽能全面高效地对具有正负情感倾向的本章进行分析，得到的分类结果较为精确，但该方法必须依靠文本语料库进行，如果把 A 类预料训练出的分类器用于 B 类文本的分类则会发生严重错误。情感词汇语义特性方法操作较为简单、不需要进行繁杂的语料训练，只需将文本分解为段落、句子和词组，分别对其进行极性分析。

在移动社交网络中，用户的评论文本包含了多个领域的信息，鉴于机器学习方法难以通过语料库训练出对多个领域的分类器，且每个领域中含有情感极性的评论信息所表达的褒贬倾向没有区别，本章采用情感词汇语义特性方法，综合修饰词词典、领域词典、基础词典及网络词典来构建适用于微博的情感词典，将微博评论中的具有情感倾向的否定词、形容词、动词、程度副词等与情感词典进行匹配。首先，对正负面极性词的情感极性进行赋值，分析短语的词汇构成，针对不同的构成情况计算该短语极性值；然后，分析句子和段落的短语组成，计算所有短语极性值总和的均值即为其极性值。

定义 8.5：短语极性值。移动社交网络中短语文本极性值主要包括对情感极性词 PW、程度副词 DA、否定词 NA 的极性值进行计算。极性词包括正面的和负面的极性词，分别表示积极和消极的情感倾向，本章将正面极性词的极性值 E(PW) 设置为 0.8，将负面极性词的极性值 E(PW) 设置为 -0.8。对于程度副词 DA，本章针对不同程度的副词设置对应的权重：低量 $L(DA_{低}) = -0.5$、中量

$L(DA_{中})=-0.3$、高量 $L(DA_{高})=0.7$、极量 $L(DA_{极})=0.9$。对于否定词 NA，本章将极性值 E(NA) 设为 -0.8。

极性短语的构成有以下四种情况：（1）短语由极性词组成。若由正面极性词构成，短语极性值 E(phrase) = 0.8；若由负面极性值构成，短语极性值 E(phrase) = -0.8。（2）短语由极性词和否定词构成。若短语中只有单个否定词，该短语的极性值 $E(phrase)=E(PW)\times E(NA)$；若短语中有两个否定词，该短语的极性值 $E(phrase)=E(PW)\times E(NA)^2$。（3）短语由程度副词、极性词构成。如果是正面极性词，则根据相应的程度副词数值（取高量副词为例）进行计算，短语极性值为 $E(PW)+(1-E(PW))\times L(DA_{高})$；如果是负面极性词，则根据相应的程度副词数值进行计算，短语极性值为 $E(PW)+(-1-E(PW))\times L(DA_{高})$。（4）短语由否定词、程度副词、极性词构成。如果程度副词在否定词之前，该短语的极性值为 $E(PW)\times E(NA)-(1-E(PW))\times L(DA_{高})$；如果程度副词在否定词之后，该短语的极性值为 $E(PW)\times E(NA)+(1-E(PW))\times(L(DA_{高})-0.2)$。

定义 8.6：句子和段落极性值。在移动社交网络中，用户的评论内容不仅仅只包括词组和短语，还包括由短语组成的句子、由句子组成的段落等多种表达形式。对于微博评论中的句子或段落，本章主要根据构成该句子或段落的极性短语的极性值来计算其情感极性值。设每个极性短语的极性值为 $E(phrase_i)$，微博评论中该短语出现的次数为 r，句子或段落的极性值用 E(sentence) 来表示，则句子的情感极性值为：

$$E(sentence)=\frac{1}{r}\sum_{i=1}^{r}E(phrase_i) \tag{8-8}$$

在情感分析过程中，设定不同的权值在一定程度会影响到短语、句子和段落的情感极性值计算，为消除本章权重设定对情感强度的影响，本章只考虑了微博评论的情感极性分类。若 E(sentence) 值在 0 ~ 1 范围内，则将其标识为正向极性文本，该本章的极性值设为 1；若 E(sentence) 值在 -1 ~ 0 范围内，则将其标识为负向极性文本，该本章的极性值设为 -1。

定义 8.7：用户情感极性值。在移动社交网络中，对用户情感极性值的计算需从用户发布的微博内容或主题出发，首先分析此用户发布的每一条微博内容的情感极性，再以此为基础计算用户的情感极性值。若用户 u 发布了微博 j，利用情感词典对该条微博下的评论进行分类后，得到每条评论的情感极性分类结果，将正向评论的总数用 L_P 表示，负向评论的总数用 L_N 表示，则该用户发布的微博 j 的情感极性值 Q_j 为：

$$Q_j=\left|\frac{(L_P-L_N)^+ +(L_N-L_P)^+}{L_P-L_N}\right|\frac{(L_P-L_N)^+ +L_N}{L_P+L_N}(L_P\neq L_N) \tag{8-9}$$

其中，$(L_P - L_N)^+ = \max\{L_P - L_N, 0\}$、$(L_N - L_P)^+ = \max\{L_N - L_P, 0\}$，若分类结果中正向评论总数大于负向评论总数，即 $L_P > L_N$ 时，微博 j 的情感极性值 $Q_j = \frac{L_P}{L_P + L_N}$，且 $Q_j > 0$；若分类结果中正向评论总数等于负向评论总数，即 $L_P = L_N$ 时，微博 j 的情感极性值 $Q_j = 0$；若分类结果中正向评论总数小于负向评论总数，即 $L_P < L_N$ 时，微博 j 的情感极性值 $Q_j = \frac{L_N}{L_P + L_N}$，且 $Q_j < 0$。

最后，通过综合用户发布的所有微博的极性值来计算用户的情感极性值，从而避免某条微博引发的大量积极或消极的评论导致用户情感极性值不准确的情况，对用户长期的情感倾向进行分析使得结果更客观、准确。假设用户 u_i 发布的微博集合为 $W(u_i)$，发布的微博数量为 $|W(u_i)|$，则用户 u 的情感极性值 $S(u_i)$ 的计算如式（8－10）所示：

$$S(u_i) = \frac{\sum_{j \in W(u)} Q_j}{|W(u_i)|} \tag{8-10}$$

其中，$S(u_i) \in [-1, 1]$，若 $S(u_i) > 0$，即用户发布微博的评论多为正向时，说明该用户在微博中得到的支持率较高，并且 $S(u_i)$ 的值越靠近 1，则持认可态度的用户就越多；反之，若 $S(u_i) < 0$，即用户发布微博的评论多为负向时，说明该用户在微博中得到的支持率较低，并且 $S(u_i)$ 的值越靠近 -1，则用户发布的微博就越不被他人认可，在移动社交网络中无法正向引导他人的言论和看法，因此，需降低此类用户在移动社交网络影响力中的排序。

8.5.3 移动社交网络用户影响力计算

为全面准确地评估用户在移动社交网络中的影响力，本章综合考虑了用户在主题社区结构中的影响力与用户之间交互信息所反映的情感特征，即用户 UAR 值及情感极性值 $S(u_i)$。但由于 UAR 值和 $S(u_i)$ 值不在相同的数量级上，因此将 UAR 值除以其最大值，令该数值的范围处于（0，1]，从而计算用户 u_i 的影响力 $I(u_i)$，如式（8－11）所示。

$$I(u_i, \alpha) = \alpha \times \left(\frac{\frac{1-d}{m} + d \sum_{u \in B(u)} A(u_i, u_j) UAR(u_j)}{\max UAR(n)} \right) + (1-\alpha) \left(\frac{\sum_{j = W(u)} Q_j}{|W(u_i)|} \right) \tag{8-11}$$

其中，α 和 1－α 分别为用户 UAR 值和情感极性值 $S(u_i)$ 的权重，且 $\alpha \in [0, 1]$。α 数值的设置要视具体场景来定，如果用户关注了较多的微博博主，而自身发布的微博数量较少，说明在此情景下分析用户活跃度及关注行为对于其影响力的评估较为重要，用户的 UAR 值所占权重更大。反之，如果用户发布了较多的微博并吸引了大量用户进行评论，而其关注的博主较少，说明此情景下分析用户的情感极性对于其影响力的评估较为重要。利用上述方法，能够客观、准确地对用户影响力进行评估，找到真正受大众支持的意见领袖。

8.6　实验与分析

8.6.1　数据获取及实验

本章的实验数据来源于新浪微博，主要通过调用开放的 API 接口和网络爬虫的方法来完成数据的采集，爬虫程序按照广度优先策略首先爬取某一特定用户最新发布的 100 条微博，再爬取这些微博中用户的关注情况，依次对有关注关系的微博用户信息进行爬取，最后得到 12 084 872 条微博。对微博数据集进行规范化处理，得到 863 017 条微博，通过对其进行话题识别得到 1 363 个话题。集中最大规模的话题为“网红馒头查出致癌物”，其中有 1 102 条微博，将该话题集中的用户作为初始用户集，基于用户之间的关注关系利用算法 2 构建网络拓扑结构。

在实验规定时间内，爬取初始用户集中的用户微博数量、获得的评论量和转发量及其发出的评论总数，根据公式（8－2）、公式（8－3）、公式（8－4）、公式（8－5）计算得到用户的活跃度，再根据公式（8－6）、公式（8－7）计算得到用户的 UAR 值，经过 61 次迭代运算后使每个用户都得到稳定的 UAR 值，根据 UAR 值的大小对 5 349 个用户进行排序，将前 100 名用户作为目标用户集；将爬取到的 100 名用户的微博发布情况和获得的评论信息作为依据，根据词汇、短语、语句情感极性值的计算规则和公式（8－9）、公式（8－10）得到每个用户的情感极性值；对于用户 UAR 值和情感极性值在影响力计算中所占权重的设置，本章根据已有的用户影响力研究将两者的权重分别设定为 0.42、0.58；综合用户 UAR 值和情感极性值利用公式（8－11）计算用户影响力，通过对影响力值的大小进行排序找出微博中的意见领袖。本章在此只列出前 10 名的用户活跃度排序结果及其相应的情感极性值（如表 8－1 所示），最终的影响力排序如表 8－2 所示。

表 8－1 活跃度排名前 10 的用户情感极性值

UAR 值预排序	微博昵称	关注数	粉丝数	活跃度	情感极性值
1	执笔走人生	673	2 741	1.00	0.76
2	Leo 的时光	347	1 896	0.97	0.84
3	不高也不冷 MH	994	3 132	0.97	0.65
4	东墙的砖头	781	2 173	0.96	0.93
5	草民一粒_464	590	2 165	0.95	0.46
6	雾雨凝峰	629	2 617	0.92	0.67
7	ForFunnyDay	744	2 082	0.90	0.33
8	无心之人 O	352	2 307	0.88	0.82
9	Joyslow	778	2 820	0.86	0.53
10	飞茶茶	561	2 029	0.86	0.45

表 8－2 用户影响力排名

影响力排序	微博昵称	活跃度	情感极性值	影响力值
1	东墙的砖头	1.00	0.76	0.946
2	Leo 的时光	0.97	0.84	0.895
3	执笔走人生	0.97	0.65	0.861
4	无心之人 O	0.96	0.93	0.845
5	不高也不冷 MH	0.95	0.46	0.784

8.6.2 实验分析

为验证本章基于交互行为和情感倾向的影响力度量模型的有效性，本章采用支持率和重合度两种指标来进行评估。基于支持率指标对本章算法、SHITS 算法、SRank 算法进行对比分析，基于重合度指标对本章算法与 HITS 算法和 PageRank 算法进行对比分析。

1. 评价指标

（1）支持率：即基于用户情感分析来评估用户在移动社交网络主题社区中受认可的程度。用户支持率的计算如式（8－12）所示，其中，$|v_j|$代表用户 v_i 在微博 j 的评论中受到的正向评论总数，N 代表目标用户集中的用户数量。

$$\text{SupportRate}(v_i) = \frac{|v_j|}{N} \tag{8-12}$$

（2）重合度：根据重叠率 Overlap 评价方法，分别从考虑用户情感极性和不考虑用户情感极性的情况出发，计算两种情况下得到的意见领袖集合的重合程度。重合度的计算如式（8－13）所示，其中，$TopResult_{senti}$ 和 $TopResult_{nosenti}$ 分别表示考虑了用户情感极性和不考虑用户情感极性两种情况下得到的 Top－K 用户集合，a_1、a_2 为两种情况所采用的算法，K 为目标用户集中的用户总数。

$$TopOverlapRatio = \frac{|TopResult_{senti}(a_1) \cap TopResult_{nosenti}(a_2)|}{K} \qquad (8-13)$$

2. 实验结果分析

（1）本章算法、SRank 算法、SHITS 算法的支持率对比实验

基于用户支持率三种算法得出的实验对比结果如图 8－2 所示，本章基于交互行为和情感特征的影响力度量算法得到的 Top－K 用户集的支持率高于 SHITS 算法和 SRank 算法，而 SHITS 算法的实验结果明显比直接排名的 SRank 算法的结果要好。原因是 SRank 算法只能对用户个体影响力进行评价，而本章算法针对用户之间的交互关系、交互信息及情感特征进行影响力的综合评估，较为全面地考虑了意见领袖识别的作用因素。同时，SHITS 算法也考虑了用户之间的相互作用因素，该方法优于 SRank 算法。当 Top－K 的选值较小时，利用本章算法挖掘出的意见领袖也具有较高的支持率，该算法对于网络营销和舆情控制方面具有一定的应用价值。

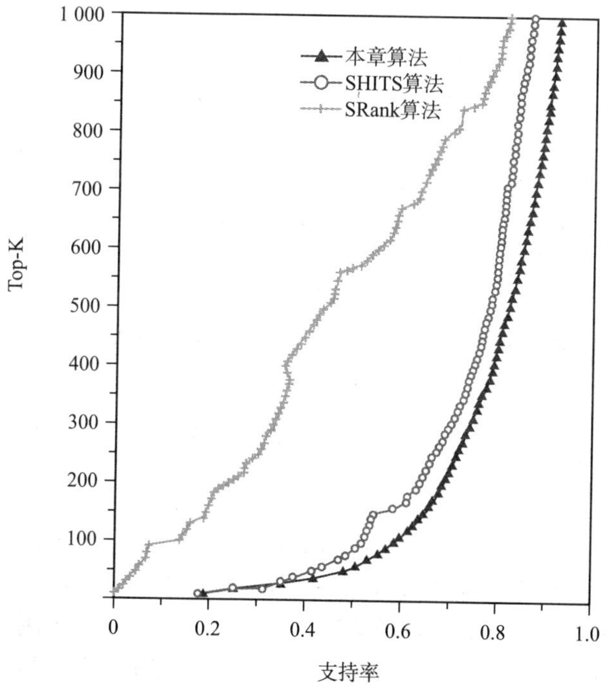

图 8－2　本章算法与 SRank 算法、SHITS 算法的实验结果对比

（2）本章算法分别与 PageRank 算法、HITS 算法的重合度对比实验

基于重合度指标三种算法得出的实验对比结果如图 8-3 所示，通过分析使用本章算法、HITS 算法、PageRank 算法分别得到的意见领袖集合的重合程度，可以得出以下结论：当选取意见领袖的数目越多时，重合的程度越高且逐渐达到稳定状态，利用本章算法能够有效挖掘出移动社交网络中受认可程度较高的用户；而没有重合的线段说明本章算法能够有效找出传统算法所忽略的节点，未重合部分表明，本章算法能挖掘到 HITS 和 PageRank 等传统算法中未考虑的节点，该部分节点在主题社区中具有较高的影响力。

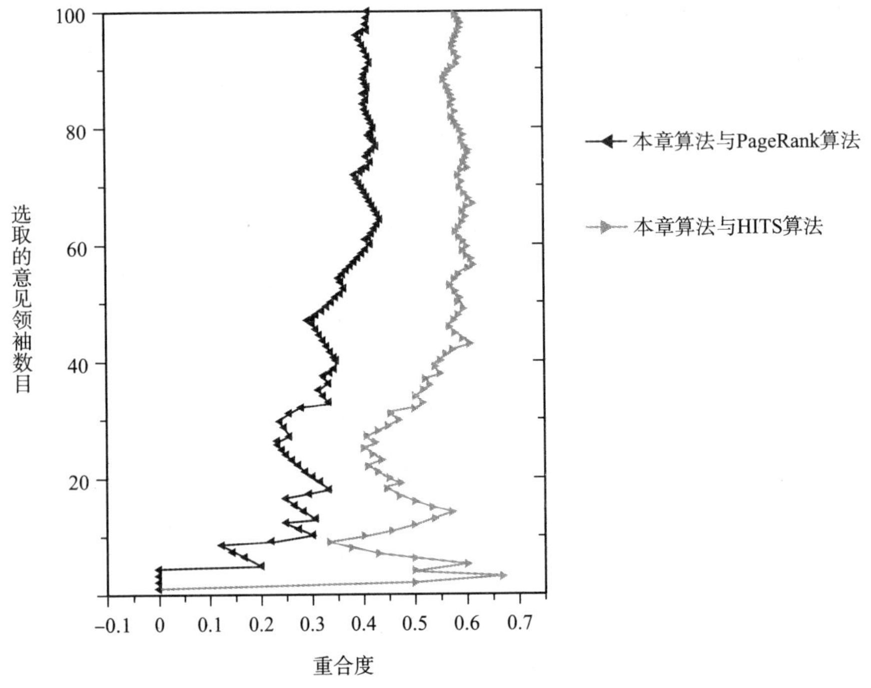

图 8-3　本章算法分别与 HITS 算法、PageRank 算法的实验结果对比

8.7 本章小结

移动社交网络中用户影响力的评估及意见领袖的识别对于商业营销、舆情控制及社会管理等方面具有重要意义。为准确评估用户在移动社交网络中的影响力，本章从网络结构和社交属性的角度出发，提出了一种基于用户交互行为和情感倾向的影响力度量算法。首先，根据用户之间的交互关系并利用话题识别的方法构建主题社区网络拓扑结构；其次，将主题社区中的用户作为研究对象，综合

用户的互动性、创造性、发布内容质量三个指标计算用户的活跃度并对其进行排序；再次，基于用户交互信息识别用户的情感倾向，对具有较高活跃度的用户的情感极性值进行计算；最后，综合用户的活跃度和情感极性值计算用户在主题社区中的影响力。为验证该算法的有效性，本章将支持率和重合度作为评价指标，通过与传统算法进行实验对比，证实本章算法具有一定的有效性，除了能挖掘出传统算法所忽视的潜在影响力用户，还能找出移动社交网络中真正具有影响力的正面意见领袖。

本章主要对移动社交网络用户影响力的评估进行研究，综合考虑主题社区中用户的关注关系和行为特征，根据用户的活跃度和情感极性提出了一种基于交互行为和情感倾向的用户影响力度量模型。通过与传统意见领袖识别算法进行对比，实验证明本章算法能够准确有效地挖掘出潜在的具有较高支持率的正向意见领袖。然而，本章算法还存在一些不足之处。本章在数据集的收集过程中采用广度优先搜索算法，后期使用还需要对数据集进行清洗和去噪，数据集的准确性还有待提高。此外，本章尚未考虑网络水军对意见领袖识别的影响，且基于极性词典的情感分析方法在词组匹配过程中可能会存在较大误差，降低情感极性分析的准确性，这些工作还有待于进一步研究和优化。

第 9 章

微博舆情挖掘和管理

——舆情管理中的应用

9.1 微博舆情挖掘和管理

微博已成为传统媒体和新媒体发布新闻和获取民众回应的重要平台，媒体微博对于网络舆论的传播和引导起着至关重要的作用。

舆情是在一定社会空间内，随着社会事件的发生、发展和变化，对民众所持有的社会态度的综合反映。网络舆情是发生在互联网空间的社会舆情，是社会舆情的反映。舆论是通过媒介获取信息形成的，传统的社会舆情主要是通过口口相传和阅读纸媒讨论产生，要了解一个事件的社会舆论只能通过民意调查和暗访等方式获得，耗时耗力且准确性较低，社会舆情的变化稍纵即逝很难捕捉；随着互联网的普及，移动社交软件走进了大多数人的生活，民众更多以信息化的方式表达着各自的看法，这就使得舆情的即时捕捉变成可能，在完全公开的社交平台可以了解到广大网民对于社会事件的真实看法，获得的信息便于统计和处理，可以更好地对舆情的产生和发展进行控制。

在网络舆情分析中，如果将每个参与讨论的用户都给予同样的关注显然是不符合实际的。网络舆情的六大要素是：网络、事件、网民、情感、传播互动和影响力。在分析一个社会事件的网络舆情时，网络、事件、网民对于同一个用户而言是相同的，但情感、传播互动和影响力则大不相同，在讨论一个事件时情感的不同造成的影响完全不同，传播互动和影响力则与账号的活跃度和关注人数密切相关。如果在网络舆情的分析中使用用户行为感知的技术方法，则可以通过用户对该事件的参与行为将其分类，更好地进行网络舆情的挖掘和管理。

本章以新浪微博为例，详细地介绍了互联网用户行为感知的技术方法与网络舆情挖掘和管理的结合。

9.2 相关理论

9.2.1 将用户行为感知技术与网络舆情相结合的意义与目的

互联网的用户遍布各个阶层和年龄段，用户人数庞大，每个用户所关注的主题各不相同，用户可以自由地在互联网上发表和讨论问题，网络舆情的主题覆盖面极广，具有多元性；由于网络具有一定的匿名性，在互联网中大多数用户会更容易表达出自己的真情实感，更加真实地表达出对待社会事件的态度，网络舆情具有客观性；网络与传统媒体极为不同的一点是，在互联网中，网民不再是单纯的信息接收者，在看到一个事件的报道时，网民可以在评论中自由地讨论和表达自己的看法，博主也可以在评论中和其他网民探讨，因此网络舆情也具有交互性的特点。网络舆情随着时间的推移会产生较大的变化，且变化是多样的、迅速的，所以在网络舆情出现的时候就予以监控和管理是防止网络舆情恶意演变造成不良后果的最优方式。网络舆情已经成为破坏社会稳定的重要因素；但是当把握了网络舆论的趋势和舆论认同情况时，充分发挥舆论的积极影响，对社会管理和政治民主具有重大意义。

移动互联网的高普及率给人们的生活带来便利的同时也产生了巨大的数据量，使许多信息被淹没在数据海里，给网络舆情的挖掘带来了一定的困难，而用户行为感知系统恰恰可以解决这样的问题。用户行为感知系统通过长期监控用户的网络数据的方式获取用户的偏好信息，用技术手段代替了在传统舆情调查中的问卷调查、暗访等方式的调查，节省了大量的人力、物力、财力，是一种低成本的调查方式；感知系统可以持续获得用户信息，能够掌握用户的长期行为波动，了解用户的态度变化情况；同时，行为感知系统获取的是用户直接发布在互联网上的信息，而不是通过媒体杂志的总结报道之后得到的信息，内容具有客观性，可以真实地反映用户对社会事件所持有的态度。

用户行为感知技术根据运营目标的不同分为产品体验提升、精准营销和精细化推广及内容需求获知三个方面，本章运用的主要是内容需求获知方面的技术。通过用户行为感知技术可以分析用户的访问需求，如关注的博主、搜索和评论等；探索用户感兴趣的主题；跟踪事件热点，及时、有效地响应舆情变化，可以有效减少不当舆情造成的影响。

9.2.2　微博信息传播

信息传播是人们通过符号、信号来进行的传递、接收和反馈的活动，是人们彼此交换意见、思想、情感，以达到相互了解和影响的过程。由于微博集成了短信、社交网站、博客和视频网站的优点，具有自由、交互、个性化和迅速等特点，让用户不仅可以接收到信息，也可以迅速地参与到信息的传播之中，成为信息传播的参与者，以其强大的分享和社交能力聚集了大量的用户，成为我国重要的在线社交平台。

在微博平台上，每个用户可以看到他们关注的博主发布和转发的微博，用户也可能评论和转发所关注博主的微博，关注该用户的其他用户也会看到他评论转发的微博。用户浏览到他所关注的博主发的微博时，这是一种由博主到粉丝的单向信息传递，当用户向博主评论或者私信时，就会变成一种博主与粉丝之间的双向信息传递，而当用户对所看到的微博感兴趣或是相信其内容的真实性予以转发传播时，这个用户就由信息的接收者变为了信息的传播者。当用户看到一个微博时，用户可以选择转发并发表自己的看法、在评论里与博主探讨和点赞微博三种方式进行信息传播，以往的微博设置中用户发表的评论是不会推送给粉丝的，在2017年11月更新的微博7.10版本中，用户的部分评论会和原博一起推送给粉丝，部分点赞的内容也可以在用户主页看到，其实很多用户在不经意间已经完成了信息传播。

9.2.3　在网络舆情传播中的用户行为

在微博平台上，用户参与社会事件讨论的方式有搜索、评论、转发、发微博、@提示好友等，其中传播速率最快的是转发的方式。社交网络其实在现实的人际关系的基础上向外延伸的社交关系，是现实社会在网络上的映射。美国哈佛大学心理学教授米尔·格兰姆（Stanley Milgram）提出了六度空间理论，也叫小世界理论，即要在任意两个人之间建立联系，最多只需要六个中间人，显然任何两个陌生人，通过一定的方式一定具有联系。在社交网络也有类似的情况，如果每个看到这条微博的人都转发了，只需要几个小时这条微博就会被绝大多数用户看到。在转发的情况下，之后看到微博的用户可以很轻易地找到原微博了解事件的初始情况，也较容易做出自己的判断，是支持、反对还是不置可否的态度，更积极地参与到社会热点事件的讨论之中，产生大量丰富和具有个人意见的信息。用户重新编辑微博讨论的情况则会带有个人的情感色彩去描述事件，容易给后来看到微博的人形成一定的误导。

在微博网络事件的讨论中，参与者可以是任何一个用户，几乎没有任何门槛，只要发微博或者转发并评论，就很容易能被搜索关键词的用户看到，对于社交角度而言这是好的，这样可以极大地提高用户之间的交流水平，而不是局限于自己的好友圈之内，可以了解到更多不同的看法。但也正是因为这样的开放性和交互性，使得造谣和引导舆论的成本极低，甚至近些年网络上出现了一种新兴职业——“水军”。“水军”是依照雇主的意愿，使用账号在社交平台上大量评论和发表对于一个事件相似的看法，引导网民的态度向他们所需要的方向转变，恶意控制舆论的发展。个别不法分子甚至为了一己私利通过在微博散布虚假信息并通过转发评论等方式扩大传播范围，恶意炒作，激化社会矛盾，影响社会安全。

9.3　使用用户行为感知技术进行网络舆情的挖掘和管理

9.3.1　微博用户信息传播关系

在微博的信息传递中起主要作用的是用户之间的关注关系，只有关注了博主之后才能持续收到他的微博推送；在没有关注的情况下，用户也可以通过@其他用户账号的方式提醒他查看微博内容，用户之间的关注关系是形成微博的社交网络结构的关键。

首先定义微博用户之间的简单关系，如图9-1所示，每一个节点代表一个用户，U是节点集合，{A，B，C，D，E}∈U；在无向图中，节点与节点之间的边表示用户与用户之间的关系，这种关系包括关注、评论、私信或@提醒的行为。

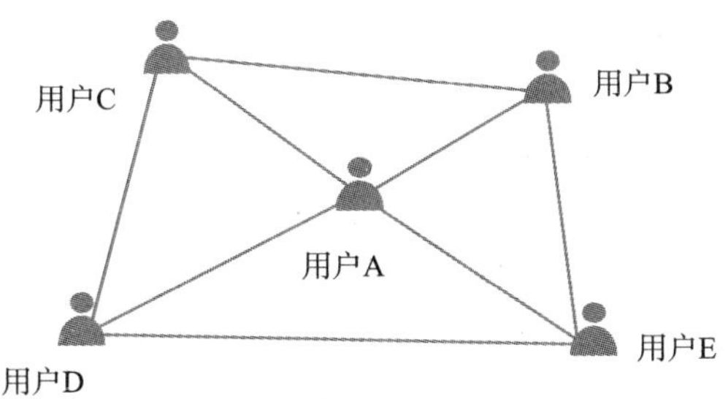

图9-1　无向用户关系连接

在图9-1的基础上进一步细化用户之间的关系和行为。假设用户A和用户B互相关注，两者就成为好友关系，享受信息的互通；A关注了C，那么A可以看到 C 发布的微博，A 可以采用@提醒的方式让 C 看到其他微博内容，信息主要由 C 传输到；同样 D 关注了 A，A 关注了 E，每个用户都可以看到自己关注的人原创和转发的微博。如图 9－2 所示，实线箭头表示用户之间的关注关系，如 A 关注 C 则是 A 指向 C，虚线箭头表示信息的流向。当用户 C 发一条微博时，A 是可以直接看到微博内容的，如果 A 选择转发此微博，则 B、D 也可以看到这条微博，A 也可以通过@提醒的方式让 E 关注到这条微博。在这个拓扑结构中，A 是信息传播的核心节点，A 可以接收到 B、C、E 的信息，也可以将信息传输给 B、C、D、E，当 A 接收到 C、E 微博时，若 A 选择转发，则可以增加两个信息传播链。

图 9－2 模拟微博用户的简单模型，在真正的社交网络中参与的人数庞大，信息的流通量是巨大的，但其传播的实质依然是用户与用户之间的信息传递。设想有数千万个类似的拓扑结构在同时运转，信息传递的速率极快，正是这样的特性使得网络舆情的产生和发展都极其迅速且影响极大，有效的监测网络舆情和及时给予相应的安全警示对于维持网络安全具有重大的作用。

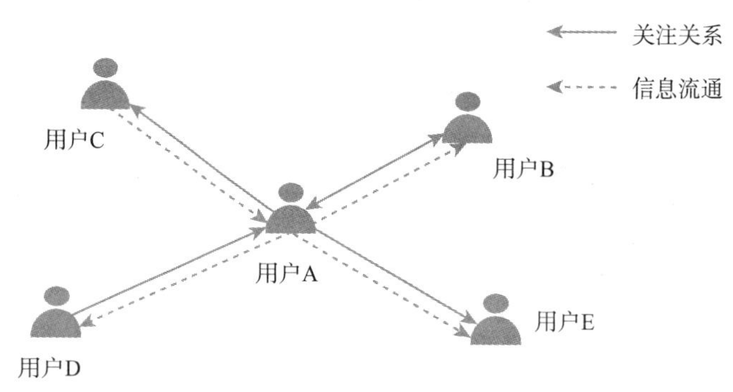

图 9－2　用户 C 发布微博时的有向信息流通

9.3.2　利用用户行为感知技术进行网络舆情的挖掘和管理

微博是典型的具有小世界特征和“快速传播者”的网络社交平台，所谓的“快速传播者”就是在微博里粉丝数量多、粉丝互动情况好的账号，他们在信息传播中的举足轻重，他们的一条微博阅读量就可以达到上千万。这类账号包括明星、营销号、官方微博和个人账号等，在网络舆情的挖掘中需要重点监控这些热点账号，当他们参与到讨论时，舆论的传播速度会成千上万倍增加。在一个热点事件出现时，人们不仅会看自己关注的内容，也会去搜索栏搜索相应的关键词，在搜索栏有微博设置的热搜榜，榜单每分钟更新一次，显示在上一分钟内搜索次数最多的关键词。

要做到对网络舆情的全面管理，首先要了解舆情的发展过程，王和于文（Wang & Yuwen）的研究证实了在网络舆论发展过程中存在着一定的生态特征。根据事件敏感度的不同，在互联网上网民倾向、网民参与量和互动情况的变化，将网络舆情分为五个阶段：萌芽阶段、爆发阶段、扩散阶段、过渡阶段和衰变阶段（见图9-3）。

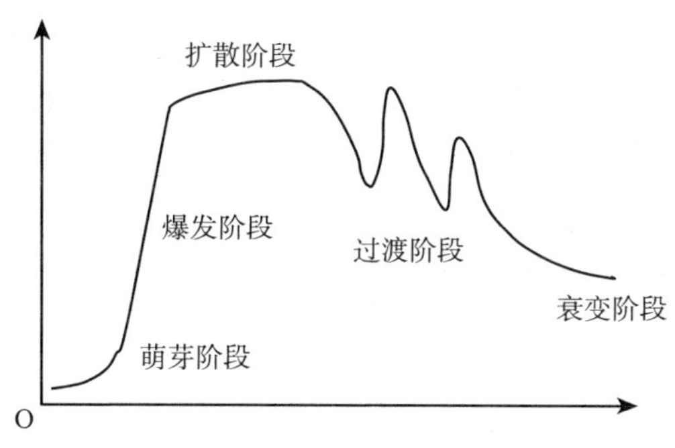

图9-3　网络舆情的递进过程

信息和舆论事件的出现引起了相关话题，如果系统可以在网络舆情刚刚出现的时候就监测到的话，对于不当的谣言或者危害社会安全的言论就可以在萌芽阶段处理，而不会造成更加严重的后果。在网络舆情刚刚出现时，网民很难区分舆论的真实性，多数网民并不知情或持观望态度，网络舆论还不稳定，舆论趋势也处于变化之中。

系统应对网络热点事件进行整理，对其进行分类，形成舆情数据库；整理出有效的文件，保存数据，运用数据挖掘的技术提取若干关键词，对关键词进行长期识别跟踪。当敏感词语在一定时间内的搜索次数增长迅速，便应当提起注意，通过搜索可以找到原微博对其真实性进行验证。对粉丝数量多的账号进行实时监管，避免出现传播谣言的情况。对于用户反常的转发、评论、@提醒行为予以重视，如在评论里刷屏，评论转发中出现很多同样的言论，都可能是在恶意引导网络舆论的走向，在社会事件的讨论中，“水军”带来的影响极大，很容易影响到网民的判断。在网络舆情挖掘中，以用户对原微博的转发、评论和点赞行为，以及搜索相关关键词的行为为基础，可以利用CARCH模型建立微博舆论的监测机制，基于用户的行为和结果计算出社会事件的舆论指数。

$$h_t = \alpha_0 + \alpha_1 \zeta_{t-1}^2 + \cdots + \alpha_q \zeta_{t-p}^2 + \beta_1 h_{t-1} + \cdots + \beta_p h_{t-p} \quad (9-1)$$

网民的行为与微博的舆论场紧密相连，两者是相互联系、相互影响的，用户的行为推动了微博舆论场的形成和发展，用户的关注行为形成了舆论传递的渠道，转发行为造成了舆论的裂变式传播，叠套式的评论行为在网民统一意见的过程中起着重要作用，微博的整个舆论场又反过来影响着用户的情绪从而引导用户做出不同的行为。在微博舆论的形成和发展过程中，要及时地对用户行为进行适当的引导，在这个过程中媒体微博和政府微博发声的作用极大，目前微博认证的政务微博有 17. 3 万，媒体微 3. 3 万，其中，人民日报粉丝数有 5 585 万、央视新闻粉丝有 5 247 万。在社会事件引起广大关注时，媒体微博和政府微博应当对事件做出最公正的调查和评判，正确引导舆论走向。

在舆情变化之中，要控制网络舆情不过激，不危害公共生活，对于恶意炒作和无端污蔑政府的行为要予以严惩；散布虚假消息和刻意传播虚假消息都应当删除且惩罚，屏蔽相应关键词等。在 2018 年 2 月，微博对热搜榜单进行了整改，整改的核心是在挖掘算法的基础上引入了编辑人工干预的模式，对于违法、传播社会负能量、过度娱乐化的信息进行人工干预，这样的做法可以有效地控制不良话题的传播。

9. 4　以“德国黑弥撒”事件为例分析微博舆情处理机制

在 2018 年 2 月 8 日，“大欧洲吐槽君”博主发了一篇粉丝投稿，内容为他收到一张很恐怖的画以后，凌晨总有人轻轻敲门，因此寻求网友的帮助。2 月 11 日博主又发了后续，表示求助德国警察不管，寻求大使馆的帮助也无果。当天晚上“共青团中央”和“领事之声”两个官方微博发声希望当事人联系他们解决问题，在“领事之声”发微博之后，新浪微博的官方给“大欧洲吐槽君”发的两篇微博加注了一行字来提醒：请及时向当地警方报警或与使馆联系求助。第二天，当事人道歉表示投稿是他的恶作剧，向网友和领事馆道歉。当事人已经承认了是恶作剧以后，这一行字依然没有改。仅仅因为一个恶作剧，中国驻德国领事馆的工作人员查了一夜的来访电话，千万网民惦记着他的安全问题，在网络上造成了极大的恐慌。事情在网上发酵了四天，也没有人去核实真实性，最后以把当事人的微博关闭为事情的结局。

在利用爬虫软件对这次事件的相关数据进行了检索整理后，得出了以下结果：博主发的两个帖子总计被转发了 47 400 次、评论 78 000 条，关于此次事件的原创微博 1 819 条。王国华教授根据网民在面对社会事件的情绪激烈程度，将网络行为分为理性温和型行为、情绪波动型行为和极端过激型行为。在此次事件中，理性温和型行为的用户参与量较少，他们会根据自己的知识和经历进行理性的分析、判断，再做出理性的转发评论行为；大多数参与讨论的用户都是情绪波动型行为用户，他们也是推动事件发展的主要东西，易被他人的情绪感染，表现出强烈的情绪化特征，因为看到投稿内容和评论中的部分分析感到恐慌，从而转发讨论参与到舆论事件的传播中；极端过激型行为用户则会造成最恶劣的影响，因为稿件中提到向大使馆求助无果，便上升至国家层面，传播国家不作为等负面舆论，极大地影响了网民的情绪变化。在微博的舆论管理机制下，对于理性温和型行为和情绪波动型行为都无须多加看管，但是对于极端过激型行为所发出的不当言论应该及时删除并且予以说明，在微博的用户信任评分机制中也应加入散播危害社会安定言论的评分项。

在此次事件中，微博官方仅仅加了一个告示，并没有参与到事件中去。面对网络热点事件的讨论，微博通常不会过多干预，但也是这样导致在网上造谣的成本几乎为零，只有在引起了很多的关注以后才会去核实情况。这样的管理虽然较为开放，保证了网民相对的言论自由，但是也滋养了不法分子利用互联网传播谣言和违法信息，微博应当加强对于发布内容的审核，维护社区的稳定。

9.5 本章小结

在互联网上，用户的信息来源丰富，可以更加直观地了解到他人的想法，也可以自由地抒发自己的观点，网络舆情的传播速度很快，传播范围大，影响着社会经济发展。本章将用户行为感知和网络舆情挖掘与管理结合在一起，研究在网络舆情的形成和发展中用户行为的不同及其对网络舆情发展的影响，提供了舆情挖掘和管理的方法。以新浪微博为例，研究有关社会事件信息的传播方式，分析网络舆情的形成，引入用户行为感知的技术，对参与舆情发展的用户进行分类，以行为感知的角度分析网络舆情的变化情况。用户的不同行为在网络舆情的发展中起着截然不同的作用，可以利用用户行为感知的技术对用户进行分类并依照算法进行网络舆情的挖掘，对不同的用户行为进行舆情引导。

第 10 章

移动社交网络用户行为感知

——在移动社交网络中的个性化服务应用

10.1 移动社交网络个性化信息服务

移动社交网络正是通过智能手机、Kindle、iPad 等移动终端设备对社交网络资源进行访问以及业务查询的一种服务方式。它具有移动性、便携性、实时性、丰富性和主动性的特点，不用去社交网络实地取材，通过移动互联网便可以随时随地根据需要获得馆藏资源。如今移动社交网络用户数量众多，对更好的服务和功能需求正在增加，因此顺应这一趋势，发展移动社交网络服务具有广阔的应用前景。

但是目前，我国移动社交网络的发展仍然存在用户利用率低的现状，这是因为移动社交网络的服务功能在一定程度上不能满足用户的最大需求，移动服务可用性还有待完善，用户满意度有待提高。国内对于移动社交网络的研究大多基于实践应用，主要通过研究融合多种技术和平台以及服务模式来推展移动社交网络服务方面的建设，如学者施国洪等从自服务技术角度出发构建包括 4 个变量和 19 个测度的移动社交网络服务质量因素模型，探究各变量对移动社交网络服务质量的影响机制，通过实证验证了感知易用性、感知有用性、感知便利性 3 个因素对服务质量的影响。学者贺伟和李贺在整合技术接受和使用模型（unified theory of acceptance and use of technology model，UTAUT）基础上，运用结合方程方法，引入感知风险理论，揭示了移动互联网环境下 6 个因素（感知风险、绩效期望、努力期望等）对移动社交网络用户使用行为意愿的影响情况。学者谭志超提出应该顺应时代发展，通过融合互联网、无线网络、智能终端应用（App）等技术手段利用移动数字应用服务模式将社交网络各种业务拓展到移动互联网上，形成新型社交网络服务模式。这些研究成果无疑促进了移动社交网络的高速发展，但是在用户满意度以及移动服务的有效性方面研究甚少，本章将从移动社交网络用户体验角度出发，研究情景化偏好下的移动社交网络用户行为感知机理，并以此构建基于情景化偏好的移动社交网络用户行为感知模型，为提高移动社交网络服务和促进移动社交网络发展提供帮助。

10.2　移动社交网络用户情景化偏好概述

10.2.1　移动社交网络用户情景化偏好定义

在《现代汉语词典》中，“情景”被解释为感情和景象或者情形、情况，“偏好”被解释为偏爱。而在学术研究中，“情景”一词往往随着研究内容的不同被赋予不同的定义，施密特（Schmidt）等将情景分为五类：用户情景指习惯、生理条件、位置等；社会情景指社会地位、社会关系、法律、风俗等；任务情景指任务、目标等；计算情景指网络连接性、通信开销、带宽、可用资源等；物理情景指亮度、噪声、交通条件和温度等。科尔多氏和莱珀（Cordova & Lepper）认为情景是“学习过程中所处的环境、条件”，并且通过实证研究情景在学习过程中的影响。在利什（Dourish）基于前人的研究将情景的定义总结为交互性视角和描述性视角两种视角：交互性视角中情景是一种关系属性，描述现场的特定信息和特定行为的关联，情景是不稳定的，不能独立于用户行为；描述性视角中情景是某种形式的信息，是描述某些可被观测、采集的合适的属性变量的值，这些值能够从处于当前场景的用户行为中明确地分离出来。

在本章中，“情景”是一个人在进行某种活动时所处的社会环境，是人们社会行为产生的具体条件，而“情景化”是一个动态的过程，是通过研究用户不同的需求，满足用户对于某种事物需求和理解的过程。移动社交网络用户情景化偏好不是固定不变，它会随着用户所处的社会环境的改变而发生变化，也即用户体验不同，用户的需求和满意度也会发生改变，因此情景化偏好（contextualized preference）描述的是用户在不同的情景下用户自身需求的变化而导致用户偏好发生的改变倾向。了解到移动社交网络用户的情景化偏好，就可以对用户的需求转变做出及时反应，从而为移动社交网络用户提供更好的服务。

10.2.2　情景化偏好下移动社交网络用户行为感知研究意义

作为一个移动社交网络系统，在通过克服距离、语言和文化的障碍，以及使用多个网络连接和多模式设备，其最终目标是使人们能够在任何时间和任何地方访问人类知识。移动社交网络旨在服务用户，如果这些服务不被使用，它们就会被遗忘并终止运行，因此一个移动社交网络系统服务可用性需要由用户来判断。近年来，以用户为中心的移动社交网络研究已经引起了相当多的关注，如学者刘坤锋和陈雨在研究移动社交网络用户亲和力感知影响因素时发现使用经验、信息质量、系统质量和服务质量对移动社交网络的用户亲和力感知影响显著，且服务质量是决定性的影响因素。从用户体验角度出发，使用移动设备提供社交网络信息，用户的情景意识在体验移动社交网络的服务功能中发挥着决定性作用，缺乏个性化、用户定制的应用程序，可能会阻碍最佳体验，因为在不同的情景下用户对社交网络资源的需求不同，用户的偏好不同，一个用户觉得有用的信息可能被另一个用户认为是滋扰，对于用户而言，滋扰一旦形成，用户对移动社交网络服务的认可度就会大大下降，就好比在生活中，随着人们生活水平的提高，用户对于衣食住行的偏好随着社会环境以及自身客观条件的改变而发生了变化，衣服每年都会存在着换新，推出的新的式样会使人们的时尚观念发生改变，故而偏好产生改变倾向。对于移动社交网络也是如此，在不同情景下，用户具有不同的目的导致用户对移动社交网络的需求不同，所以研究情景化偏好下用户的行为过程，利用移动服务提供系统检测相关事件（位置变化、使用机会和安全问题等），然后对相应事件作出灵活的反应，可以使用户更高效地获取自己所需的资源，对于提高移动社交网络服务的可用性以及用户的满意度具有指导性作用。

10.2.3　个人动机与行为意图

马斯洛在《动机与人格》著作中指出：人都潜藏着五种不同层次的需要（生理需要、安全需要、爱的需要、尊重需要、自我实现需要），但在各种时期表现出各种需要的迫切程度是不同的，人的最迫切的需要才是激励人行为的主要原因和动力。动机是需求的表现，需求是动机的基础，人一旦迫切地需要什么便会产生相应的个人动机（personal motivation）。个人动机是来自一系列个人因为要实现某种目标而产生的需求。这种目标主要取决于用户所处的特定环境，例如用户在使用移动社交网络时，若是处于无事可做想打发闲余时间的需要，则会倾向于寻找娱乐资源；若是处于学习遇到困难的需要，则会倾向于寻找学习资源。

个人动机往往反映用户的行为意向，因此了解用户在不同情景下的行为意向，就可以了解用户在当前环境下的需求，进而能够对用户行为作出感知。移动社交网络的用户行为意图来自用户出于什么目的需要使用移动社交网络来获取特定的信息，并且用户的意图受用户客观条件的影响而有所不同，所以研究移动社交网络用户行为意图是构建移动社交网络用户行为感知模型的基础。

10.3 基于情景化偏好的移动社交网络用户行为感知模型构建

在移动社交网络中，首先用户在特定情景下会因为自身的偏好而产生一种最迫切的需求，为了满足自我需求，就会形成用户行为意图，随之就会通过移动社交网络服务去寻找满足自身需求的信息，称为移动社交网络用户行为。当用户需要提供移动社交网络资源时，会倾向于操作移动社交网络系统上传资源；当用户由于自己的兴趣爱好或是从事学术研究需要借鉴前人的知识以及了解新知识时，会倾向于查阅购买相关知识信息；当用户需要对移动社交网络资源进行管理与维护时，会倾向于使用移动社交网络系统整理馆藏资源。因此，不同情景下用户偏好不同会导致移动社交网络用户行为差异，在本章中，将通过情景化偏好下移动社交网络用户行为分解理论来研究用户行为意图构成因素，进而研究移动社交网络用户行为感知机理，以此构建移动社交网络用户行为感知模型，从而可以更好地为用户提供服务并且最大程度满足用户的需求，使移动社交网络的服务功能更加完善，达到提高用户体验的目的。

10.3.1 与移动社交网络交互的用户类型

在与移动社交网络进行交互的过程中，我们可以将移动社交网络用户类型分为以下三类：

（1）提供移动社交网络资源的终端用户。资源提供者是移动社交网络资源的生产者，他们用资源主要是信息来喂养移动社交网络，其他移动社交网络的用户将访问这些资源对象。

（2）消费移动社交网络资源的终端用户。资源消费者是移动社交网络资源的购买者，他们在使用移动社交网络的过程中，根据自身需求对移动社交网络相应资源进行消费。

（3）管理移动社交网络资源的终端用户。社交网络管理员是负责管理移动社交网络资源的终端用户，他们对馆藏资源以及其他终端用户的信息进行管理维护。

10.3.2 情景化偏好下移动社交网络用户行为分解理论

情景化偏好下，移动社交网络用户体验评价主要来自两个方面：系统的可用性和社交网络资源的有用性。如图 10－1 所示，为移动社交网络用户体验评价框架，其中系统资源与性能标准有关（如精度、响应时间、信息及时性等），用户系统与可用性标准相关，用户资源与有用性标准相关。移动社交网络系统的可用性反映了用户与系统之间的交互质量，直接决定用户体验的效果，一个灵活地适应用户喜好的移动社交网络系统，需要对用户是否有效地操作系统并且以乐意的方式利用所有可用的功能作出评估。资源有用性反映了移动社交网络资源满足用户需求的程度，用户查找到的资源对自身的有用程度，该项标准会影响用户的消费行为。

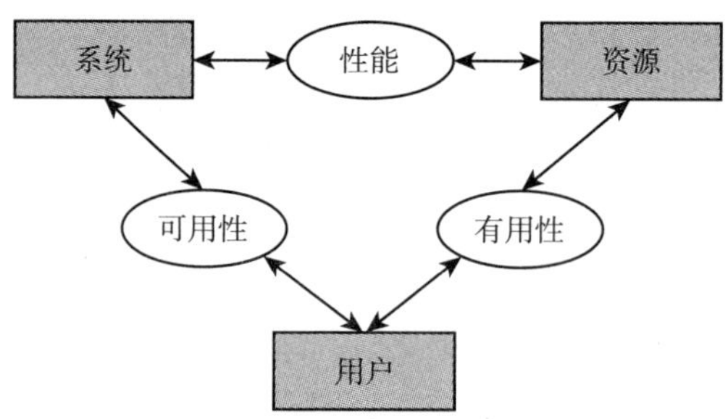

图 10－1　移动图书馆用户体验评价框架

基于此，我们可以提出基于情景化偏好的移动社交网络用户行为分解理论。如图 10－2 所示，为移动社交网络用户行为分解理论示意图，其中感知愉悦性、感知有用性、感知价格水平构成用户态度，感知愉悦性代表用户与移动社交网络互动的主观体验，在用户体验中起到重要作用，激励用户使用移动社交网络服务，感知有用性代表用户对移动社交网络工作性能的判断，它决定用户对移动社

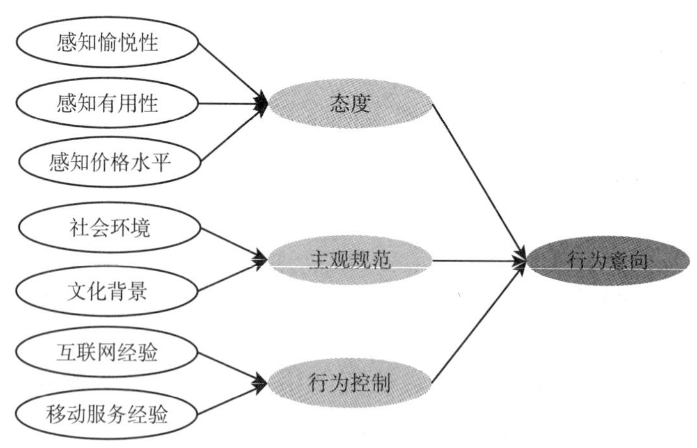

图 10－2　移动图书馆用户行为分解理论

交网络系统的评价，而感知价格水平则代表用户对利用特定服务所作出的牺牲评估，它是一个定性标准；社会环境和文化背景形成用户的主观规范，社会环境指的是用户当前所处的情景，它包括来自经济、法律、政治等不同维度的情景单元，文化背景不仅决定了特定情况下可以接受的行为，也是影响我们与移动社交网络互动的因素；互联网经验与移动服务经验决定了用户的行为控制，用户第一次与新的计算机系统交互时，会倾向于感到毫无头绪，在变得熟悉系统之后，互动可能变得更容易、更自发。最后，用户态度、主观规范以及行为控制共同作用形成了用户的行为意向。

10.3.3 情景化偏好下移动社交网络用户行为感知机理

对于基于情景化偏好移动社交网络用户行为，我们也可以归结为，在态度、主观规范、行为控制的相互影响下，用户产生个人动机，而个人动机导致用户行为的发生，如学者（Peng Zhu）等通过实验研究结果显示个人动机是造成移动互联网用户行为的根源。面对用户不同的行为意向，我们需要建立一个用户行为感知模型以帮助提高移动社交网络服务可用性。

如图10－3所示，描述了移动社交网络用户行为感知模型的网络体系结构，该结构用于向移动社交网络用户进行信息广播。详细地，中央服务器访问和筛选来自互联网的信息，然后将这些信息传送到本地服务器，我们关注的是虚线部分的本地服务器和终端用户，在这个部分，模型处于同一无线局域网中，本地服务器总是发送消息到包含用户行为感知模型的所有设备，用户在体验移动社交网络服务的最初会根据自身兴趣和爱好选择关注的内容，然后用户将收到他选择的信息，在具有用户行为感知模型的设备自学习之后，设备可以感知用户的选择，变得更加智能。

在这个体系结构中，用户行为感知模型是基于收集有用的上下文信息，如图10－4所示，为移动设备中上下文感知的高度抽象描述，说明了上下文信息和用户之间的关系，上下文感知是指能够检测和有效地利用上下文信息（如用户位置、时间、环境等参数以及相邻设备和人员、用户活动等）。我们可以从实际环境中提取上下文信息，经过上下文感知将这些信息进行整合，在据此向用户提供移动社交网络服务的同时将其记录在上下文历史区域，通过考虑移动社交网络用户行为历史以及上下文历史参数来感知用户行为，并在下次自动选择接收的类别。具有用户行为感知模型的移动终端位于拓扑网络的中心，并且周围环境为隐式输入，这样一来，随着环境的不断变化，移动服务将会自动调整，使得移动社交网络服务更具灵活性。

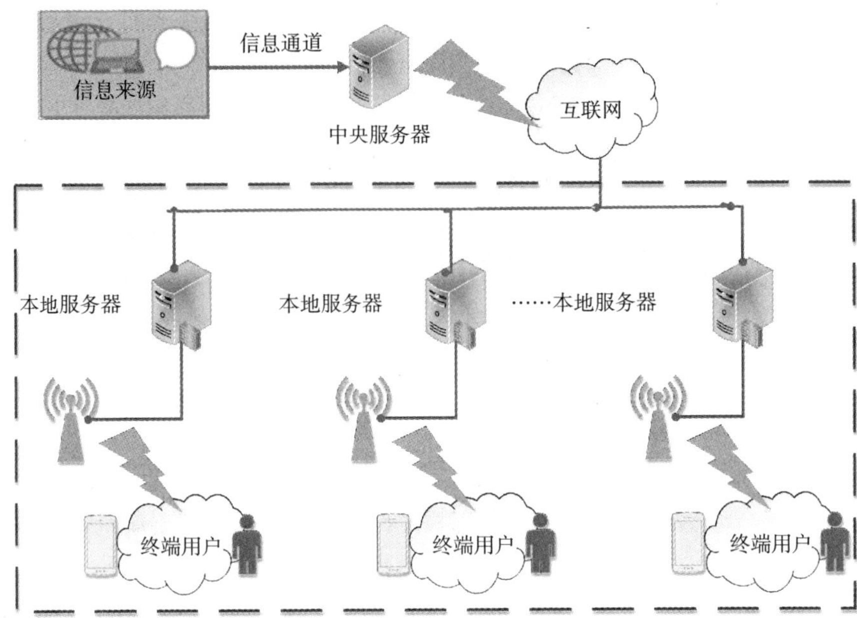

图 10－3　移动社交网络用户行为感知模型的网络体系结构

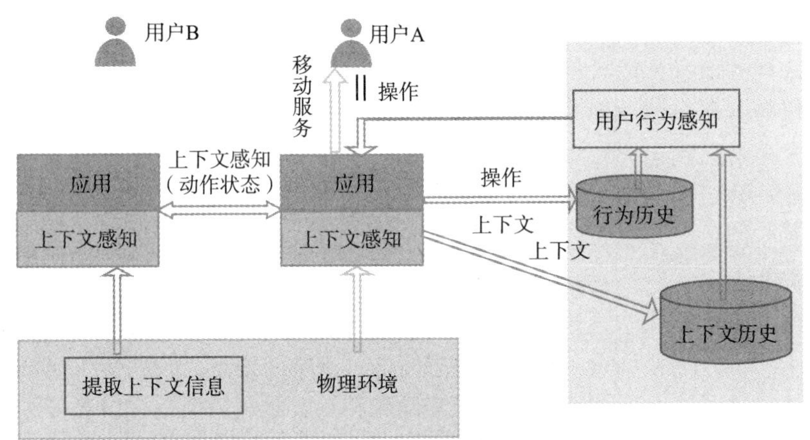

图 10－4　上下文信息收集

10.3.4　基于情景化偏好的移动社交网络用户行为感知模型

基于以上的理论，我们可以构建如图 10－5 所示的移动社交网络用户行为感知模型，该模型主要分为四层：数据层、处理层、生成层以及输出层。数据层负责接收来自移动社交网络用户的行为信息，进行预处理后将这些数据传递到处理层，通过语义转换之后分析这些数据来预测用户行为状态，将其记录在相应的数据库中，比如用户位置、使用时间以及使用服务类别等。在生成层中，给出权重整合这些数据，并进行相邻选择在输出层预测用户的可能选择。在这一过程中我们通过记录用户长期使用习惯来预测下一个使用状态，同时随着上下文总是改变，我们还应考虑影响预测结果的其他因素，如“用户为何长时间使用这类服务”和“用户打开移动社交网络的次数”，在这一类别信息中，有些信息确实具有偶然性，因此即使更新用户数据库，掌握用户行为动态判断用户最佳兴趣仍是提高移动社交网络用户满意度和移动服务可用性的关键。

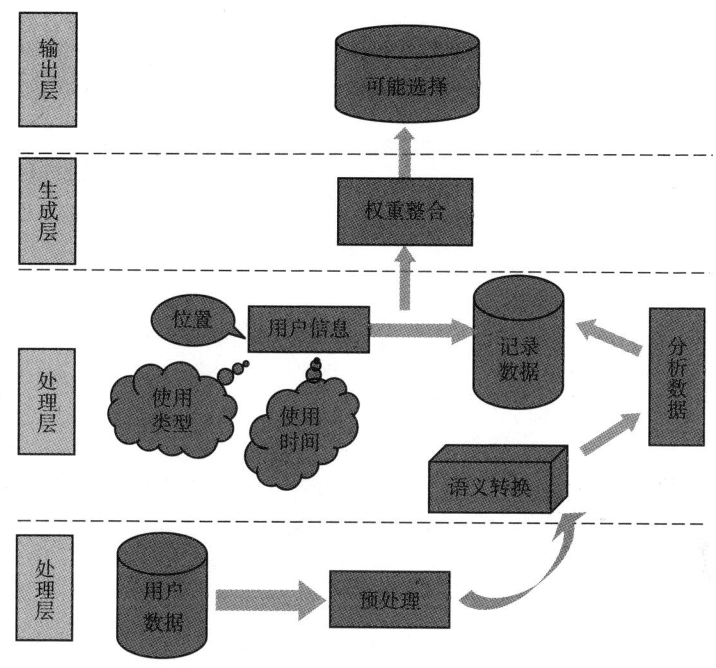

图 10－5　移动社交网络用户行为感知模型

10.4　移动社交网络个性化服务

在基于情景化偏好的移动社交网络用户行为感知机理中，起到激励作用的为用户个人意图。个人意图决定着用户是否会倾向于采取哪种行动，用户在一定的情景下，如果没有受到外界信息的影响产生个人意图或者受到外界信息的刺激对移动社交网络的服务存在着某种程度上的不信任，那么用户也不会认可移动社交网络服务的可用性，也即用户满意度低。所以移动社交网络可以通过用户行为感知模型来建立移动社交网络个性化服务，满足用户最大需求。

移动社交网络个性化服务是根据用户的情景化偏好迅速、高效、经济地提供馆藏资源的服务机制，具有个性化和主动性。为移动社交网络用户提供个性化服务，其中获取移动社交网络用户情景化偏好是一项重要内容。获取用户情景化偏好可以从两个方面入手：一是用户的个人基本信息，从用户的注册信息中获取用户的性别、年龄、所属地以及兴趣爱好等其他信息；二是从用户搜索的关键词、书签以及收藏夹中获取用户短期内对于信息需求的偏好。这两个方面获取的信息综合起来就可以分析一定情景下用户的偏好，从而在用户搜索时以此为基础感知用户行为，为用户推荐个性化信息，这样可以更好地满足用户的需求。此外，还可以通过移动社交网络界面友好化来实现提高用户体验，界面友好化指的是移动社交网络的界面能让用户快速地进入到相应的服务，比如将某些主要服务设置醒目的标志，设置一些可以直接进入的相关链接，设计可以展示各种兴趣分类的相关内容的框架等都可以在某种程度上移动服务可用性。总而言之，移动社交网络个性化服务机制可以提高用户对移动社交网络的认可度，最终实现移动社交网络用户使用率的提高，推动移动社交网络的发展。

10.5 本章小结

构建移动社交网络信息服务质量控制体系时，用户层、交互层、控制层和支撑层四个部分通过有效配合、协作来共同提高移动社交网络信息服务质量，并且用户控制层为服务质量体系中最为重要的一部分。本章在情景化偏好的基础上，研究移动社交网络用户行为感知机理。提出移动社交网络用户行为分解理论，描述了用户行为意图受态度、主观规范以及行为控制三者影响，并以此构建移动社交网络用户行为感知模型的网络体系结构，其中用户行为感知模型是基于收集有用的上下文信息；构建移动社交网络用户行为感知模型，该模型将用户行为感知过程分为四层：数据层、处理层、生成层和输出层，在该模型的基础上，提出移动社交网络个性化服务机制建议，通过提高用户体验来激励用户使用移动社交网络服务，提高用户对移动社交网络的利用率，以达到为移动社交网络的发展提供帮助。

本部分研究工作在研究情景化偏好的基础上，分析移动社交网络用户行为感知机理，并提出个性化服务机制建议，为移动社交网络的发展提供帮助。从用户体验角度出发，利用移动社交网络用户行为分解理论描述用户行为意图受态度、主观规范以及行为控制三者影响，提出基于收集有用的上下文信息的移动社交网络用户行为感知模型的网络体系结构，基于此构建模型。得到移动社交网络用户行为感知模型，将用户行为感知过程分为四层：数据层、处理层、生成层和输出层，各层之间分工合作掌握用户行为动态达到判断用户行为的目的。

第 11 章

移动数字期刊服务推送

11.1 数字期刊服务

移动阅读获取信息已成为网民上网的主要目的之一，用户的阅读方式完成了从传统纸质版到移动电子版的飞跃。纸质期刊的更新速度早已无法满足用户对信息的需求，传统刊物正面临被淘汰的威胁，相比而言，数字期刊具有查询快捷、种类齐全、价格低廉、便于管理等优点。对于移动端来说，用户可以随时随地通过接入移动数据在各大网站、App 上查找最新期刊信息，例如“中国知网”“万方”等文献数据库网站，“掌阅”“书旗”“QQ 阅读”等电子图书 App，“今日头条”“红板报新闻”“网易新闻”等电子杂志应用软件，均为数字期刊的代表性载体。

移动传播时代的到来令数字期刊行业蓬勃发展，然而，由于性别、年龄、爱好、工作领域等差异，不同用户选择阅读的数字期刊种类截然不同，同时新兴的数字期刊数据库数据量十分庞大，造成的信息过载问题十分棘手，如何根据用户的阅读倾向实现个性化推送成为一大难题。在互联网平台中，用户行为时时刻刻被记录在后台数据中，通过计算用户行为能够准确识别用户需求，以往对于用户行为的研究多关注的是微博舆情、微信社交圈、突发事件等方面，少有文献将用户行为感知技术与数字期刊服务推送结合起来讨论。因此，本章聚焦于运用用户行为感知技术形成对数字期刊的个性化推送，通过用户行为感知判断其阅读偏好，从而达到精确推送的目的。

11.2 相关理论

11.2.1 数字期刊

数字期刊是以数字形式出版的期刊，又称电子期刊、电子杂志、网络刊物等，在平面期刊的基础之上融入了图像、动画、音频、文字等元素，具有交互性、综合性等特征。与传统期刊模式不同，数字期刊从文章的投稿、编辑、审查、排版、发行到读者的阅读、评价、意见反馈均通过网络完成，不论是传播方式还是传播渠道都是颠覆性的改变，同时也让信息更加贴近生活，满足网民对阅读的高品质需求。

时下流行的数字期刊平台数不胜数，以前面提到的数据库网站“中国知网”和阅读 App“掌阅”为例。中国知网是全球全文信息量规模最大的数字社交网络，用户在使用该网站查找文献资源时需要输入关键词、主题、篇名、作者等信息模糊检索，或通过高级检索进行精确匹配，系统根据用户搜索词推送相关文献供用户参考。掌阅是非常典型的移动端阅读 App，拥有广阔的电子书资源，包括出版书、漫画、有声频道、杂志等类型，当用户接入移动数据后，通过登录账户进入 App 中，系统将会根据阅读量、口碑等参数向用户推荐刊物，有些应用软件也会根据最初已定义好的用户偏好进行推荐。

11.2.2 用户阅读行为

用户行为由五个元素组成：时间、地点、人物、交互、交互内容，如图 11－1 所示。对用户行为进行分析就是首先访问并收集用户相关数据，其次对数据进行归纳分析，整理出有效信息。由于用户行为能够直接反映出用户在互联网上的活动轨迹，从而能够判别其阅读习惯与阅读偏好，针对用户行为进行数字期刊个性化推荐可以满足用户阅读需求（见图 11－1）。

从目前研究发现来看，移动阅读的用户主要分布在中青年这一年龄段，用户阶层不受限制，2017 年中国数字阅读 App 月活跃用户规模达到 2.53 亿，每日阅读人均总时长达到 73.4 分钟，人口基数庞大，数字阅读基本成为随互联网成长人口的主要阅读方式。用户每天在互联网上的生活轨迹记录下的数据量惊人，用户行为感知技术正是用于长期对用户所产生的数据进行监测，通过大数据分析获取用户阅读倾向，客观反映个人阅读意愿。

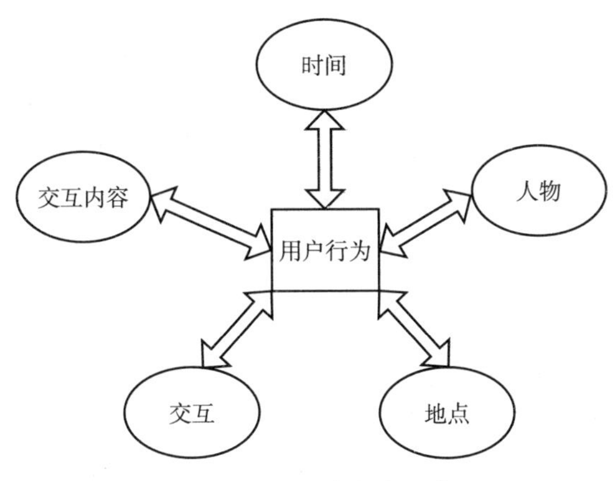

图 11 -1　用户行为元素

11.2.3　用户画像

在大数据时代，数据的时刻更新给用户定位带来了不确定性，为了更准确地根据用户的行为轨迹推送数字期刊，需要为用户制定用户画像。用户画像也被称为用户角色，是指收集用户行为所形成的数据并进行算法分析，以达到用户信息标签化的目的，主要适用于智能推荐、产品定位与销售等方向。用户画像与用户真实身份紧密相连，要想精确描绘出用户画像需要明确七大要素：

（1）基本性，用户画像必须基于真实用户；

（2）真实性，用户画像应与真人用户信息达成一致；

（3）独特性，用户特征独立；

（4）类似性，用户画像与真实用户相似；

（5）少量性，用户角色数量较少为好；

（6）目标性，与产品相关的高层次目标；

（7）应用性，成为一种实用工具。

以“今日头条”为例，“今日头条”是一款将纸媒以数字化形式推送给用户的智能推荐 App，在数据挖掘的基础上综合用户性别、年龄、爱好、位置等特征为其推荐偏好的数字期刊，该系统最大的特色是通过社交行为分析算法解读用户的兴趣 DNA，同时更新用户模型。“今日头条”主页中的刊物推送有热点、图片、科技、娱乐、游戏、体育、汽车、财经、搞笑等类型，用户会根据打开 App 的那一刻的阅读倾向选择刊物类型，此时系统就会将此刻用户行为所产生的数据记录下来，通过综合分析每一次的用户行为形成该用户独特的个性化推荐模型，使用户每一次都能够在短时间内获取与自身阅读偏好相近的内容，由此形成较高的用户评价。由此可见，个性化推荐系统的推荐精确程度对用户是否愿意选择该产品影响力度很大。

11.3　用户行为感知技术下的数字期刊服务推送模型架构

11.3.1　阅读行为需求数据采集

为达到对数字期刊进行个性化推荐的目的，需要了解用户的显性和隐性需求，因此需要通过数据挖掘获取用户行为信息，本章选取服务器日志和网络爬虫两种方式进行数据采集。

用户在访问互联网后产生的一系列活动都会被服务器记录在服务器日志文件上，包括用户基本个人信息、地理位置、接入地址、浏览内容等，服务器日志文件可以详细提供人机交互活动的各项内容。从获取内容层面来讲，服务器日志记录下的是真实的用户行为数据，更能够反映用户在移动阅读活动中的真实情况，从技术操作层面来讲，服务器日志文件是自动生成的，其开发工具简易，对它进行分析比较简单快捷，可以在短时间内快速获取大量用户行为数据，同时也能够节省成本。服务器日志信息量巨大，数据复杂，要从其中直接找到有用信息比较困难，可以使用 IIS 日志分析工具进行有效处理。

网络爬虫是一种爬取网页的程序，通过读取网站内容，将多个网站信息采集下来存放到数据库中，集中进行数据分析。超链接网络是网络爬虫技术的主要基点，网络爬虫在爬取网页时主要采用深度优先和广度优先两种算法，相对来说广度优先算法比深度优先算法的爬取速度更快。使用网络爬虫进行数据采集首先是通过爬虫软件访问网络，获取网页 URL 对网页进行访问，然后沿着 URL 在各个网页之间爬取，将与用户行为相关的内容爬取下来，直至内容收集完毕，在此之后需要对用户行为相关信息进行整理，根据相关度算法进行演算，最后建立检索数据库。

11.3.2　数字期刊推送中的用户行为轨迹

用户在阅读数字期刊的过程中会产生大量足迹，毫无规律的足迹中包含了丰富的用户行为信息，从宏观来看，将足迹点聚集在一起，由点成线就形成了用户行为轨迹。研究用户行为轨迹能够分析用户偏好，为不同类型的用户群提供个性化推送服务。

本章定义在数字期刊推送中的用户行为轨迹如图 11－2 所示，在浏览期刊之前用户需要选择一个期刊平台，可以是期刊网站、电子阅读 App 等，用户可能直接选择常用平台，也可能是通过对比找到感兴趣的期刊所在，本章总结了在浏览期刊时用户主要会进行阅读、购买、分享、评价、收藏五种活动，活动进行完毕后退出界面。将多个用户的行为轨迹数据进行收集、分析、预测即可形成完整的推送服务体系。

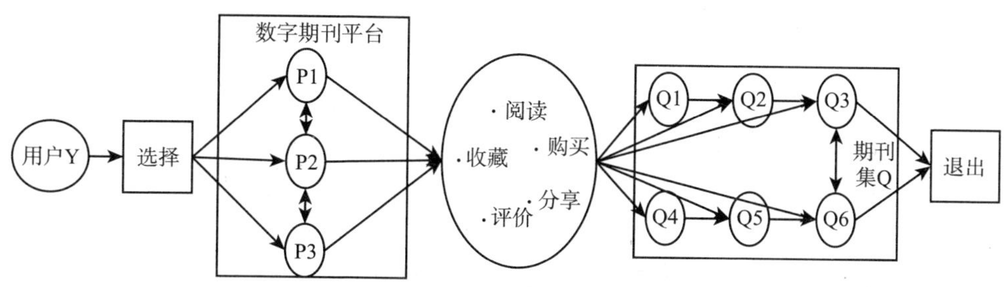

图 11－2　用户行为轨迹

11. 3. 3　数字期刊个性化服务推送过程

在数字期刊中实现个性化推送必须进行用户与数字期刊平台间的双方交互。本章参考“网易新闻”移动端期刊推送模式建立该流程，通过数据采集手段从其系统后台提取用户在“网易新闻”平台的行为信息和数字期刊数据库信息。从用户角度出发，采集用户行为信息后，需要对其进行分析，根据相似度计算公式判断用户之间是否可能存在共同的阅读偏向，从而筛选出在期刊阅读方面有交集的用户，将其结合在一起形成邻居簇，从而建立用户行为模型。然后结合数字期刊数据库的信息以及用户反馈，根据用户—期刊关系模式进行推荐算法的设计，本章主要采用聚类算法和加权二部图算法，最后通过加权 Markov 模型预测用户行为，生成期刊推送结果，完成期刊推送任务，如图 11－3 所示。

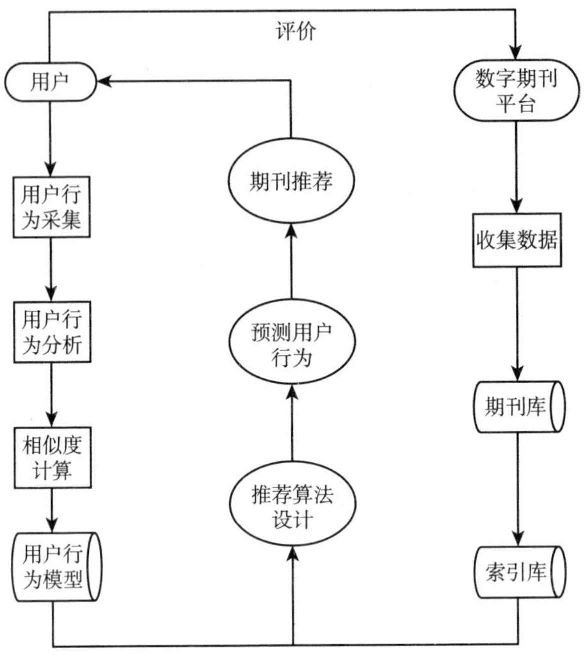

图 11－3　用户行为感知下的数字期刊个性化推送流程

11.4　数字期刊个性化服务推荐算法设计

囊括从产生到发展至今的推荐系统类型，粗略分为两大类：个性化推荐、非个性化推荐，非个性化推荐即无差异化、无针对性地将相同或类似的内容推送给用户，随着人们对数字期刊内容要求的不断提高，非个性化推荐已逐渐被淘汰，取而代之的是个性化推荐。个性化推荐能够按照用户的阅读偏好过滤掉不相关内容，是一种实时为用户推荐其感兴趣期刊的新型服务模式，该方式成功地提高了用户对数字期刊推送服务系统的使用满意度，成为目前推荐算法的主流。

11.4.1　个性化服务推荐算法归类

个性化推荐算法有两种基础方式：

（1）基于内容推荐。将人气高、作者名声大、单日阅读量高的数字期刊根据用户过去的检索信息相关度推送给用户，这种方式主要适用于无目的阅读的用户，无法为用户发掘新的阅读方向，只能保证少量用户有兴趣阅读，更多人会觉得枯燥反感。

（2）协同过滤推荐。主要是利用协同过滤算法，通过对用户最初已定义好的阅读偏好和已收藏的期刊进行归纳整理，根据有共同兴趣爱好的群体的关系分析来推荐期刊。这种方式相对而言可以较为准确地推荐新信息，但会出现冷启动问题，对于新注册用户而言，无法采集相关数据，导致推荐质量较差。

在基础算法之上，国内外学者提出上下文感知推荐，即考虑用户所在上下文信息，包括时间、心情、环境等条件对用户行为的影响，例如有些用户早上比较关注时事新闻，但晚上更偏向放松性的娱乐新闻，心情愉悦的时候女性用户喜欢看时尚杂志，男性用户则倾向体育杂志。上下文感知推荐系统通常分为四个步骤，数据收集、用户偏好提取、感知生成、评价与自适应改进，它与一般推荐系统最大的区别就在于能够使上下文信息对用户行为感知产生影响，通过上下文信息的融合精准定位用户阅读倾向。其形式如下：

$$\text{Users} \times \text{Items} \times \text{Contexts} \rightarrow \text{Rating} \tag{11-1}$$

$$D_1 \times D_2 \times \cdots \times D_n \rightarrow U \times R \tag{11-2}$$

公式（11－1）的含义为：用户在某项目中的上下文信息三者相乘，即为用户偏好量。公式（11－2）中，D_n 表示上下文信息。

针对基于用户行为感知的数字期刊服务推送需求，本章引入聚类推荐算法和加权二部图推荐算法。

11.4.2　聚类推荐算法

聚类推荐算法主要是利用用户之间的社会关系以及用户对数字期刊的评价进行用户过滤，通过聚类寻找用户中心，然后预测目标用户对数字期刊的评分，从而判断将哪种数字期刊推送给目标用户更合理。

给定一个由 x 个用户组成的用户集 $Y=\{Y_1, Y_2, Y_3, \cdots, Y_x\}$ 和一个由 n 种数字期刊组成的数字期刊集 $Q=\{Q_1, Q_2, Q_3, \cdots, Q_n\}$，两集合之间存在的关系如图 11－4 所示。

从图 11－4 中可以看出，用户与数字期刊之间存在多对多的关系，一个用户可能有多种期刊阅读喜好，一种期刊也会存在多个阅读用户。因此，用户与用户之间会产生相同的阅读倾向，本章采用聚类推荐算法对其进行推送处理。

根据余弦相似度计算用户 a 与用户 b 之间对数字期刊的阅读倾向相似度，余弦值越大则相似度越高，计算公式如下：

$$\text{sim}(Y_a, Y_b)=\frac{\overrightarrow{Y_a} \cdot \overrightarrow{Y_b}}{\|\overrightarrow{Y_a}\| \cdot \|\overrightarrow{Y_b}\|} \tag{11-3}$$

其中，$\overrightarrow{Y_a}$，$\overrightarrow{Y_b}$分别为用户 a，b 对数字期刊的评分向量。

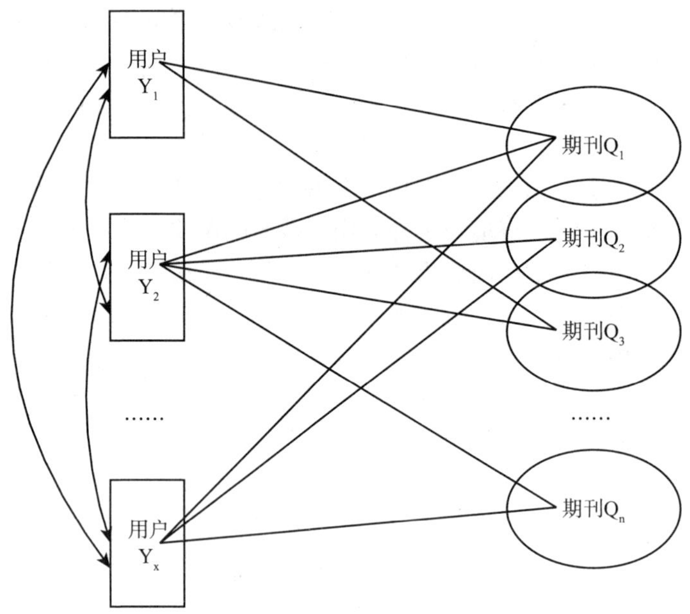

图 11－4　用户—期刊项目关系

设用户 a，b 共同评价的期刊集合为 I_{ab}，Q_{ac} 为用户 a 对期刊 c 的评价，Q_{bc} 为用户 b 对期刊 c 的评价（$c \in I_{ab}$，但期刊 c 为目标用户的未评价项），根据式（11－3）可以得出：

$$sim(Y_a, Y_b) = \frac{\overrightarrow{Y_a} \cdot \overrightarrow{Y_b}}{\|\overrightarrow{Y_a}\| \cdot \|\overrightarrow{Y_b}\|} = \frac{\sum_{c \in I_{ab}}^{n} Q_{ac} \times Q_{bc}}{\sqrt{\sum_{c \in I_{ab}}^{n} Q_{ac}^2} \times \sqrt{\sum_{c \in I_{ab}}^{n} Q_{bc}^2}} \tag{11-4}$$

由于每位用户对期刊的评价标准不一，式（11－4）的计算结果会出现偏差，为统一标准，需要对式（11－4）进行修正。定义 $\overline{Q_a}$ 为用户 a 对所有数字期刊的评价平均值，$\overline{Q_b}$ 为用户 b 对所有数字期刊的评价平均值，将用户对期刊 c 的评价与该用户对全部期刊评价平均值相减即可消除评价标准的差异化，修正后的阅读倾向相似度为：

$$sim(Y_a, Y_b) = \frac{\overrightarrow{Y_a} \cdot \overrightarrow{Y_b}}{\|\overrightarrow{Y_a}\| \cdot \|\overrightarrow{Y_b}\|} = \frac{\sum_{c \in I_{ab}}^{n} (Q_{ac} - \overline{Q_a}) \times (Q_{bc} - \overline{Q_b})}{\sqrt{\sum_{c \in I_{ab}}^{n} (Q_{ac} - \overline{Q_a})^2} \times \sqrt{\sum_{c \in I_{ab}}^{n} (Q_{bc} - \overline{Q_b})^2}} \tag{11-5}$$

余弦相似度的值位于（0，1）之间，比值越大则相似度越高，将用户与用户两两进行聚类计算，从而得到用户中心，即目标用户的邻居用户，根据式（11－5）计算得出的 K 个目标用户的邻居用户集合起来，按照相似度从高到低排序，生成邻居簇为 $W=\{W_1, W_2, W_3, \cdots, W_k\}$。

接下来通过评分测算公式预测目标用户对期刊 c 的评分。设目标用户为 m，评分为 F，则用户 m 对期刊 c 的评分预测值为：

$$F(m, c)=\frac{\sum_{k \in W} sim(m, k) \times (Q_{ck}-\overline{Q_k})}{\sum_{k \in W} sim(m, k)}+\overline{Q_m} \tag{11-6}$$

其中，Q_{ck} 为用户 k 对期刊 c 的评价，sim(m, k) 是目标用户 m 与邻居簇 W_k 之间的阅读倾向相似度，$\overline{Q_m}$ 为用户 m 对所有数字期刊的评价平均值。

根据评分结果对期刊集合进行排序，将分数高的期刊种类推荐给用户，即可向目标用户推送其感兴趣的数字期刊。

11.4.3　加权二部图推荐算法

聚类推荐算法适用范围很广，但仍有些许不足之处，它并未对邻居用户与期刊类型赋予权重，在目标用户对期刊评分相同的情况下，无法断定其是否对分数相同期刊的阅读偏向相同，基于此本章引入加权二部图推荐算法。

加权二部图算法主要关注的是节点边权问题对二次资源分配的影响，首先从项目到用户进行资源分配，然后是用户到项目进行二次分配。在本章研究中，将用户与数字期刊抽象成二部图中的节点，当用户点击阅读过某一期刊时，用户与该期刊之间就建立了联系，在二部图中两者之间有一条边连接，由于用户对数字期刊的阅读偏好会影响其对期刊的阅读概率，在二部图中需为节点间的边赋权重，在此，本章将用户对数字期刊的偏好程度抽象为节点间的权值。

给定一个推荐系统，用户集 $Y=\{Y_1, Y_2, Y_3, \cdots, Y_x\}$，数字期刊集 $Q=\{Q_1, Q_2, Q_3, \cdots, Q_n\}$，在用户与期刊之间，建立邻接矩阵 A_{xn}，当用户点击阅读过期刊时用 $a_{ij}=Y_i \cdot Q_j$ 表示，反之则用 $a_{xn}=0$ 表示，如图 11－5、图 11－6 所示。

$$A=\begin{pmatrix} a_{11} & a_{12} & a_{13} & a_{14} \\ a_{21} & a_{22} & a_{23} & a_{24} \\ a_{31} & a_{32} & a_{33} & a_{34} \end{pmatrix}=\begin{pmatrix} Y_1Q_1 & 0 & 0 & Y_1Q_4 \\ 0 & Y_2Q_2 & 0 & Y_2Q_4 \\ 0 & 0 & Y_3Q_3 & 0 \end{pmatrix}$$

图 11－5　用户—期刊邻接矩阵

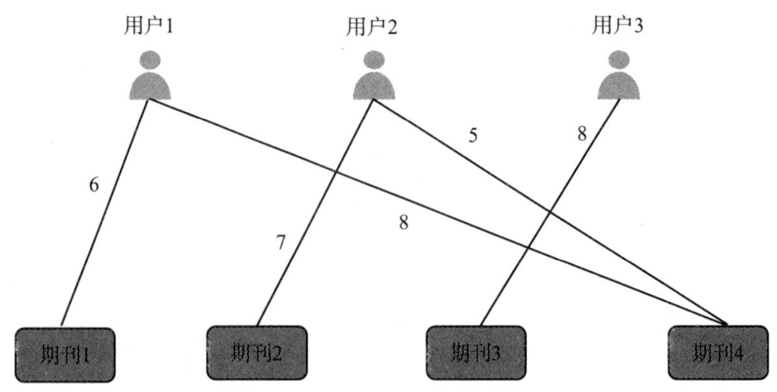

图 11－6　邻接矩阵对应示意

最初用户会选择几种不同类型的数字期刊，一种期刊也会被多个用户选择，假设刚开始用户对所选择的每种期刊的点击量贡献度是相同的，即若某期刊的点击量为 100，有 4 位读者阅读过此期刊，则每人对该期刊的点击量为 100 ÷ 4 = 25，但实际上用户对期刊的阅读偏向有很大区别，用户对感兴趣的期刊阅读概率更大，点击量会更多。如前面所说，将偏好程度作为资源分配权重，从用户的阅读偏好度可以反映出用户阅读同一种数字期刊的可能性，若计算出的偏好程度相似，则说明用户相似度高。权重计算公式如下：

$$S_{\beta\gamma} = \sum_{k=1}^{x} \frac{a_{\beta k} a_{\gamma k}}{d(Y_k) d(Q_\gamma)} \tag{11-7}$$

说明：$\alpha_{ij} = \begin{cases} Y_i Q_j，有连接 \\ 0，无连接 \end{cases}$ (11－8)

其中，a_{xk} 表示邻接矩阵中第 x 行第 k 列的值，由式（11－8）得 $a_{xk} = Y_x \cdot Q_k$，$d(Y_k)$ 为用户 k 的度（即与用户 K 相连的期刊之间的权重之和），$d(Q_n)$ 为期刊 n 的度（即与期刊 n 有连接的用户之间的权重总和）。

设目标用户为 m，与其相关的数字期刊为 c，用户评分为 F，在权重公式的基础上，根据加权二部图算法计算目标用户对期刊 c 的评分：

$$S_{c\gamma} = \sum_{m=1}^{x} \frac{a_{cm} a_{\gamma m}}{d(Y_m) d(Q_\gamma)} \tag{11-9}$$

$$F(m, c) = \sum_{\gamma=1}^{n} S_{c\gamma} a_{\gamma m} = \sum_{\gamma=1}^{n} \left[\sum_{m=1}^{x} \frac{a_{cm} a_{\gamma m}}{d(Y_m) d(Q_\gamma)} \right] a_{\gamma m} \tag{11-10}$$

系统会根据预测评分的高低将期刊推送给用户，同时也会设定一个临界值 f，当预测评分 F > f 时，则判断为用户已阅读过该期刊，不再予以重复推荐，从而达到精准高效的推荐效果。

11.5 基于加权 Markov 模型的用户行为预测

Markov 模型是一种统计模型，适用于利用未知参数结合当前信息预测未来即将发生的状态，使用 Markov 模型需满足用户在 $t+1$ 时刻的状态条件概率仅与 t 时刻状态相关，时刻变化过程中的用户状态变化与值无关。在上述条件下，运用加权 Markov 模型对用户行为进行预测。

定义一个用户阅读数字期刊过程中形成的行为特征状态集合 $M=\{m_1, m_2, \cdots, m_i\}$，随机变量 Z_n（用户状态特征）以时间为序分布在每一时刻中，设现阶段为 i，上阶段为 j，状态转移概率为 P_{ij}，则

$$P(i\rightarrow j)=P_{ij}=\frac{n_{ij}}{\sum_{i=0}^{M} n_{ij}}(i\in M,\ j\in M) \tag{11-11}$$

且 P_{ij} 满足：

$$\begin{cases}0\leqslant P_{ij}\leqslant 1\\ \sum_{i=1}^{n} P_{ij}=1\end{cases} \tag{11-12}$$

式（11-11）中 n_{ij} 为状态 i 转移到状态 j 的次数，由此得出状态转移矩阵 $A_i=[P_{ij}]=P\{Z_{t+1}=j\mid Z_t=i,\ i\in M,\ j\in M\}$，

$$A=\begin{pmatrix}P_{11} & P_{12} & \cdots & P_{1n}\\ P_{21} & P_{22} & \cdots & P_{2n}\\ \cdots & \cdots & \cdots & \cdots\\ P_{n1} & P_{n2} & \cdots & P_{nn}\end{pmatrix} \tag{11-13}$$

在多时刻状态下对第 t 时刻的用户行为进行预测，从初始时刻进行到第 t 时刻可以切割成 t 个时间片，经过 t 次时间片逐级转移到达状态 Z_t，由状态概率公式可得：

$$\begin{cases}\vec{k}_1=\vec{k}_0P\\ \vec{k}_2=\vec{k}_1P=\vec{k}_0P^2\\ \cdots\\ \vec{k}_i=\vec{k}_{(i-1)}P=\cdots=\vec{k}_0P^i\end{cases} \tag{11-14}$$

其中，$\vec{k}_i$（$i\in M$）表示状态概率向量。综合上述公式，为每一时间片中的用户行为状态附上权值，计算第 t 时刻用户行为状态：

$$\sum_{i=1}^{m} S_i = 1 \tag{11-15}$$

$$\partial(t) = \sum_{i=1}^{m} S_i A_i Z_{(t-i)} \tag{11-16}$$

其中，S_i 是用户行为在第 i 时刻的权值，A_i 为第 i 时刻用户行为特征概率矩阵，$Z_{(t-i)}$ 为在第 i 时刻的用户行为状态特征。结合公式（11－15）和公式（11－16）可以发现收集的用户时刻状态点越多则用户行为预测精度越高。

聚类算法和加权二部图算法为数字期刊系统提供了合理的个性化推荐程序设计方案，加权 Markov 模型能够准确预测用户行为。基于此，数字期刊平台便能够生成数字期刊推送结果，将用户偏好的期刊精确推送到用户所在的系统界面中，以此达到提高用户忠诚度的效果。

11.6 本章小结

移动信息传播的速度令人惊叹，在大数据时代背景下，移动社交网络用户群体基数庞大，碎片化的阅读方式、多元化的发展使得数字期刊的用户覆盖率越来越高。为提高活跃用户数量，首先需要了解用户的阅读偏好，对此本章引入用户行为感知技术。以往对于用户行为感知的研究集中在舆论、微博事件、网上购物等方面，忽略了其对移动阅读的重要作用，针对这一问题，本章进行基于用户行为感知的数字期刊服务推送研究，参考推荐模型建立个性化推送流程架构，利用聚类推荐算法和加权二部图推荐算法对用户相似度进行计算，预测用户对相关数字期刊的评分，结合加权 Markov 模型预测用户行为，以精确地推荐结果提高用户使用忠诚度。

数字期刊阅读在移动网络的推动下已成为互联网使用群体必不可少的活动，本部分的研究工作分析数字期刊服务中的用户行为能够掌握用户阅读倾向，提高推送精确度。根据用户行为信息分析用户行为轨迹，搭建推送模型，结合推荐算法和用户行为预测模型，从而达到实现数字期刊的用户个性化推荐的目的。使用聚类算法和加权二部图算法计算用户相似度、寻找用户邻居簇，进而预测用户对数字期刊的评分。基于加权 Markov 模型预测用户模型，生成数字期刊推送结果。利用用户行为感知技术对数字期刊服务推送提出了基本的研究理论框架，依照推荐算法设计对不同用户进行个性化推荐，增强用户信赖感，提高用户对数字期刊阅读的满意度。

由于相关研究资料较少，本章还存在以下不足之处：

（1）本章使用的推荐算法均未考虑用户出现兴趣漂移问题，用户在长期阅读的过程中可能会受未知因素的影响出现阅读偏好的转换，如何建立模型解决阅读兴趣漂移问题可以作为今后研究的方向；

（2）加权二部图算法所使用的权重比较单一，预测出来的用户对期刊的评分与实际评分可能产生较大的差异，在今后的研究中需要寻找更多影响因素作为权重，已达到与真实评分相符的目的；

（3）由于用户行为感知技术需要建立在大量用户信息之上，信息泄露问题也成为公众关注的焦点，信息管理不当不仅会造成用户流失而且会令公众丧失信赖感，因此信息保密问题亟待解决。

第 12 章

基于本体分子的家谱知识服务 App 构建

12.1 移动家谱服务 App 构建需求

家谱是一个家族的发展史，建立家谱知识管理模型和系统的目的是进行家谱数字资源建设，在数字社交网络系统中提供家谱信息的查询，方便人们追根溯源，以发掘家谱的历史文化价值。另外，在数字社交网络中还可以进行基于家谱信息、家族关联的数字资源查询，利用家谱、宗族信息进行可推理、可追溯的数字信息资源整理，向公众、其他馆藏资源和社交网络内部提供基于家谱的数字社交网络知识服务。

家谱管理系统的工作内容是通过对现有的家谱信息进行有效的收集、分析，在现有的技术基础上，描述家谱知识，建立宗族人物关系网络，并使用可视化的方式展示家族动态变化的过程，以方便人们了解其家族的繁衍过程以及姓氏来源，开发家谱的文化价值，发挥家谱在凝聚社会群体，增强民族凝聚力。建立家谱知识管理模型有利于保存、传播、研究、开发中华特色文化，推动我国地方志家谱数字资源建设。

包括国家社交网络在内的国内众多社交网络馆藏的地方志家谱文献为我国所特有，也是我国社交网络的特色馆藏之一。建立家谱知识管理服务 App 系统有利于保存、传播、研究、开发中华特色文化，推动国家社交网络地方志家谱数字资源建设。

另外，移动社交网络信息服务也需要对家谱进行整理、分析，对于数字信息进行基于家谱的知识管理，向用户提供基于家谱的移动端可视化知识获取方式。

12.2 相关概念

12.2.1 家谱

家谱中包括姓氏源流、堂号、世系表、家训、家传、艺文著述、家谱图像等内容。姓氏源流是指同一族得姓的来源与变迁；堂号是一个姓氏的特殊标识，能显示姓氏发源的地缘关系；世系表则用来说明一个家族成员的相关关系；家训是为了维持必要的法制制度，拟订的约束族人的行为规范；家传是世系表中族人的历史功绩；艺文论著是指家族中名人的著作；家谱图像是家族人的照片图片。

12.2.2 本体分子

本体分子是指在本体基本元素（本体实例、三元组）基础之上，用唯一标识符标注的，根据语义或者语用划分的，无缺失的最小冗余的本体知识单元。本体分子是在本体基本元素和本体库之间的一个平衡点，它使得相对粗粒度知识管理成为可能：

（1）本体分子并不是脱离现有主流的 RDF/OWL 本体框架，它由本体实例、三元组等本体元素组成，并在 RDF/OWL 基础之上进行粗粒度扩展描述。将本体分子与传统细粒度本体描述相结合，能够提供多粒度、多层次的知识管理机制；

（2）本体分子划分的依据是语义或者语用；

（3）本体分子知识划分的目标是既保证语义无缺失，又使得知识冗余最小化；

（4）为本体分子建立唯一标识符号，目的是让本体分子在本体推理和本体整合等本体处理中有操作的句柄或标识。

本体分子的形式描述：

本体分子 m 为：$m = func(id, g)$，$id \in U$，$g \in G$，其中 id 为本体分子 m 的唯一标识符，g 表示本体分子的范围，func 是按照语义或者语用运算的映射函数。

其中，U 定义为本体库中所有的 URI 本体结点（URI references）的集合，B 定义为本体库中所有匿名本体结点（RDF blank nodes）的集合，L 定义为本体库中所有 RDF 文本（RDF literals）的集合。

U、B、L 三者两两不相交。

定义 V 为 U、B、L 的并集：$V = U \cup B \cup L$。

定义三元组集合 T 为 U、V 的笛卡儿乘积：$T = V \times U \times V$。

定义 RDF 图集合 G 为 T 的幂集合。

根据本体分子的定义：getId(m) = id，getGraph(m) = g 分别表示本体分子标识符与本体分子范围的映射函数。

定义 I 为本体分子集合 M 的解释，任何一个本体分子 $m \in M$，getId(m) 都应该在解释 I 的词表中，而且满足：I(getId(m)) = m。

本体分子与本体演化的关系：

本体分子是多粒度知识组织的一种模式，而本体演化是本体分子知识动态组织结果的表现形式。本体演化追踪在本体分子这个粒度上知识的变化过程和变化结果，根据本体分子的变化控制本体演化过程。

本体分子具有具名图（named graph）的结构，相当于一个有名字的 RDF Graph，其中包括一系列三元组。若具名图 A 有三元组 a、b、c、d；具名图 B 有三元组 c、d、e、f；那么 c、d 就是静态信息，就是“核子”，c、d、e、f 则可看作动态信息，也就是“离子”。据此，具名图可以很好地描述本体分子。本体分子是基于 Jena 的一个扩展，提供了可操作具名图的 API。

12.3 移动家谱知识服务构建方案

12.3.1 移动家谱信息服务中的知识管理标准

我国家谱中主要包括姓氏源流、堂号、世系表、家训、家传、艺文著述、家谱图像等内容。由于家谱本身的复杂性，它的内容、体例、结构在各个时期各个宗族都各不相同。制定数字社交网络家谱知识管理标准必须在深入研究家谱知识的基础之上，总结与提炼家谱知识中的共性特征，并要提供最大限度兼容性以满足家谱中个性特征的管理要求。

例如，作为家谱中最重要的内容，“世系表”，简而言之，就是说明一个家族成员，如父子、兄弟间的相互关系，写清楚祖先后代每一个家族成员名字的图表。它有四种基本的记述格式：欧式、苏式、宝塔式和牒记式。以上四种世系表形式都各有特色，这是一般族谱中比较常见的世系表，但也有其他的变化。通过深入研究这些特点和规律，可以制定出世系表知识管理标准。

世系表结构可以抽象为一个家族树模型。如图 12 - 1 所示，世系表为树形结构，节点以性别区别颜色。男性为浅色，女性为深色。

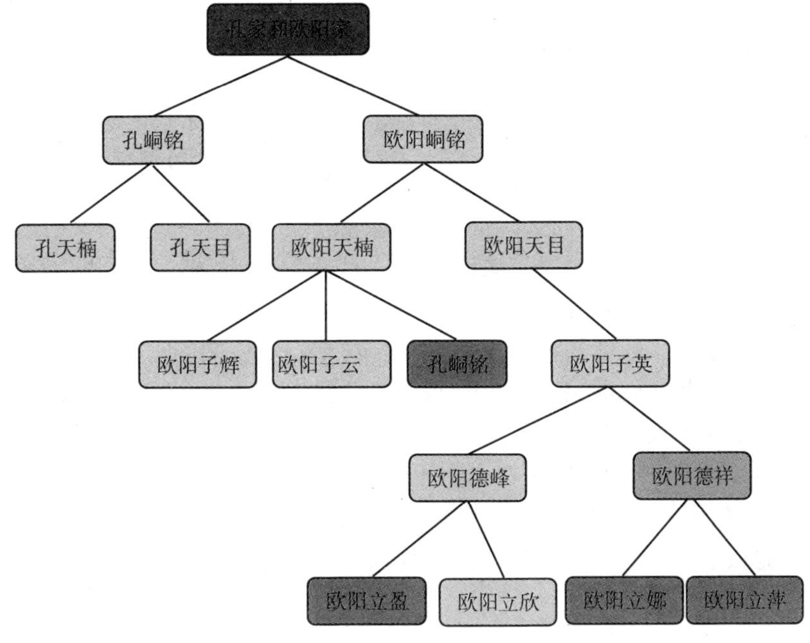

图 12－1 世系表树形结构

当然，家谱模型的建立虽然是知识管理标准的核心，但它只是家谱知识管理标准中的一部分。家谱知识管理标准的制定需要家谱领域专家与信息管理专家合作共同完成。

12.3.2 宗族人物关系知识管理

在家谱知识管理中，宗族人物之间的关系描述是最重要而又最复杂的。如“父母与子女”“祖父母”“曾祖父母”“兄弟姐妹”“妯娌关系”“连襟关系”“叔侄关系”“姨甥关系”等。

以本体 RDF/OWL 语言作为家谱人物关系描述语言，能够通过统一的模式表达丰富的人物关系。

但是如果人物之间关系过于复杂，家谱横跨的历史时期过于漫长，那么家族人物之间关系的建立会变得非常费时、费力。本章采取本体推理技术能够很好地解决这个问题。本体推理的思路是：只建立家族人物之间最直接的关系，而对于间接关系通过制定推理规则自动生成人物关系。

本体通过 RDF/OWL 语言描述显性知识（宗族人物直接关系），通过规则推理挖掘隐性知识（宗族人物间接关系），能够较好地解决家谱宗族人物关系问题。

12.3.3 家谱多粒度知识管理

知识管理的粒度指的是知识组织和检索过程中的基本知识单元范围的大小以及描述程度的粗细。在知识粒度划分方面，家谱知识管理面临着两难的局面：一方面，以家族人物为知识单元，显得粒度太细；另一方面，如果以整个家谱作为知识单元，又显得粒度太粗而且缺乏知识揭示、演化、管理与利用的灵活性。因而，目前迫切需要一种粒度适中的知识单元作为知识管理的基础。

本章解决家谱多粒度知识问题采用了本体分子技术，同时采用两种粒度的本体分子，建立两者之间的关联，如图 12－2 所示。按照“人”作为粒度划分本体分子，则关于这个人的家传、艺文著录、家谱图像、所对应的家谱可以作为静态信息，即为本体分子的“核子”，婚配情况等动态信息则作为“离子”；按照“家谱”作为粒度划分本体分子，则将这个家族的姓氏源流、堂号、家训看成本体分子的“核子”，可能包含的动态信息则看成本体分子的“离子”。

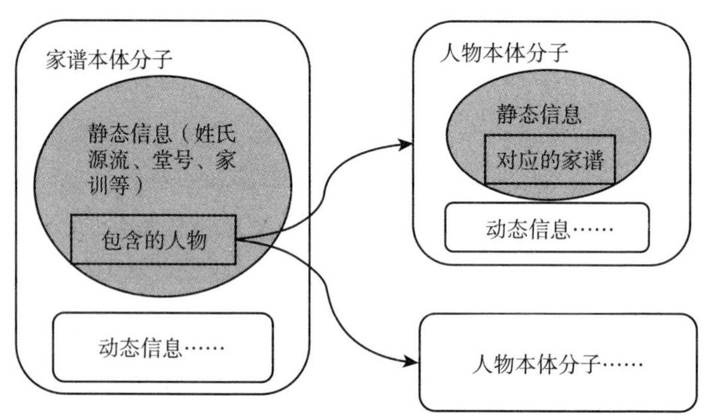

图 12－2 基于本体分子的家谱多粒度知识

在“人”和“家谱”这两种知识粒度的基础之上，可以根据需要创建新的知识粒度，如“张三的兄弟关系”“李四的婚姻关系”等。如图 12－3 所示，两个家族本体分子的联姻关系的。左侧表示夏家本体分子，右侧表示欧阳家本体分子。虹、本、雷是两个家族联姻组成的家庭，它们同时属于两个家族。这种联姻关系介于“人”和“家谱”这两种知识粒度之间。

总之，本体分子是一种描述和表达多粒度知识的机制，能很方便地表达家谱中相对较细粒度与相对较粗粒度的知识。

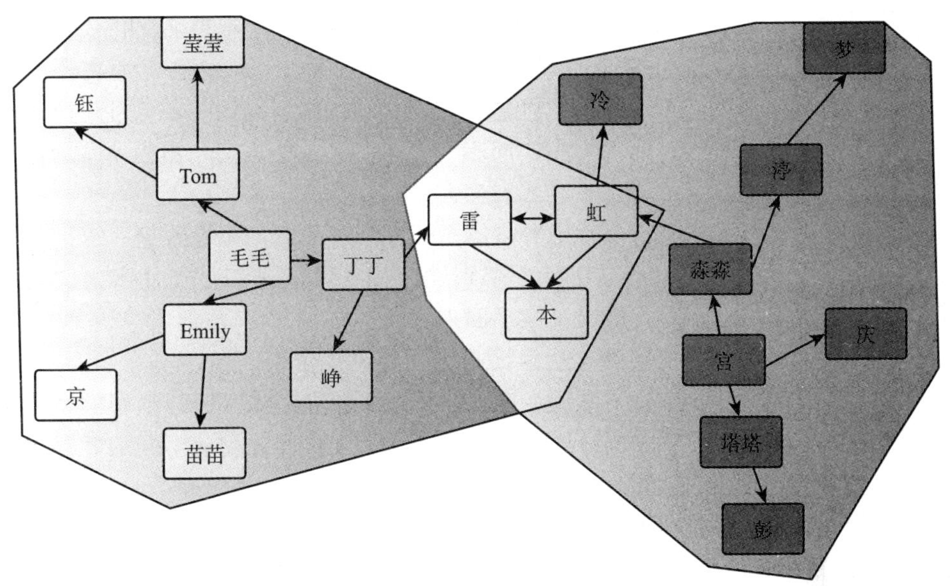

图 12－3　“婚姻关系”知识粒度示意

12.3.4　家谱动态知识管理

动态知识的特点在于，随时间或情境（condition/situation）的延续或变化，用于揭示知识内涵的特征属性的状态以及这些特征属性之间的关系都会随之演化。比如在历史领域的知识检索系统中，以重要的历史人物建立“爱好”的属性，比如“王之南”的“爱好”是“书法”，“李文清”的“爱好”是“合唱”。但是对于“刘欣雨”这个人物来说，他在“1981 年”爱好是“古典音乐”，“1985 年”爱好改为“花草种植”。这样的知识就是动态知识。

家谱中存在的动态知识主要有以下几种：

（1）家族姓氏的起源。比如说，诸这个姓，是五代十国的时候，后周有个贵族叫诸葛十朋，赵匡胤发动陈桥兵变建立宋朝后，又不愿别人打听到他，诸葛十朋就改姓名诸十朋，隐居在会稽山中，他的后代于是改姓单姓诸，成为诸姓的一个来源。

（2）家族姓氏的变化。比如，自古以来，在关中一带流传着蔺相如尸葬临潼的故事。相传，蔺相如“完璧归赵”后，赵王以蔺相如出使强秦而不辱使命，遂列为上大夫。“渑池之会”蔺相如使秦王击缶，立大功，又被拜为上卿，位在廉颇之上。后秦出兵攻赵，赵王以太子部作为秦国人质。赵王怜太子孤儿，派相如侍太子。相如告太子曰：“骊山乃下绝胜”。民谚云：“要吃粮，有个面张岭；要吃油（泷）河川；要用钱，还有大小二金山。此外，有个上天梯，上到天下还嫌低……”太子听罢欣然前往。相如偕太子游骊山，不料太子得急症而亡。相如因此获罪，被处极刑，割头挖心，葬于骊山戏之滨，赵太子部尸体也埋在骊山阴坡，名“赵太子墓”，当地人叫“龙骨堆”，至今犹在。蔺氏的家族因此受其株连，为了逃避这场灾难，蔺字去头，挖心（“佳”），改姓为门，祖祖辈辈居住在墓之西北，名门家村。

在唐朝，李世民将李这个姓氏分赐给了几位开国元勋，而导致这一家谱的姓氏的变化。而在清朝，由于文字狱，个别姓氏如查成了忌讳，于是家谱改成了香，随后，文字狱的平反，姓氏又改了回来。

总的来说原因有：①避祸改姓；②避讳改姓古代帝王的名字不准别人使用，叫作避讳。有时连同音字也不准用，叫作避嫌名。当人们的姓氏与皇帝的名字同字或同音时，只好改姓；③同一姓因异体字写法不同，而分化成不同的姓；④少数民族汉化以将原来的部落改为汉姓。

（3）家谱中人物的婚姻配偶关系、人物仕途历程等都是随时间和情境的变化动态演变的。

本章解决家谱动态知识问题采用本体分子技术。本体分子按照一定粒度划分知识语义片段，如人物本体分子和家谱本体分子，主要包括“核子”和“离子”两个部分，如图 12－4 所示。“核子”是本体分子中静态不变的知识，如家谱人物本体分子中关于人物的“性别”“出生时间”等。“离子”是本体分子中可以动态变化的知识，如家谱人物本体分子中人物的“姓名”“婚配关系”“仕途历程”等。

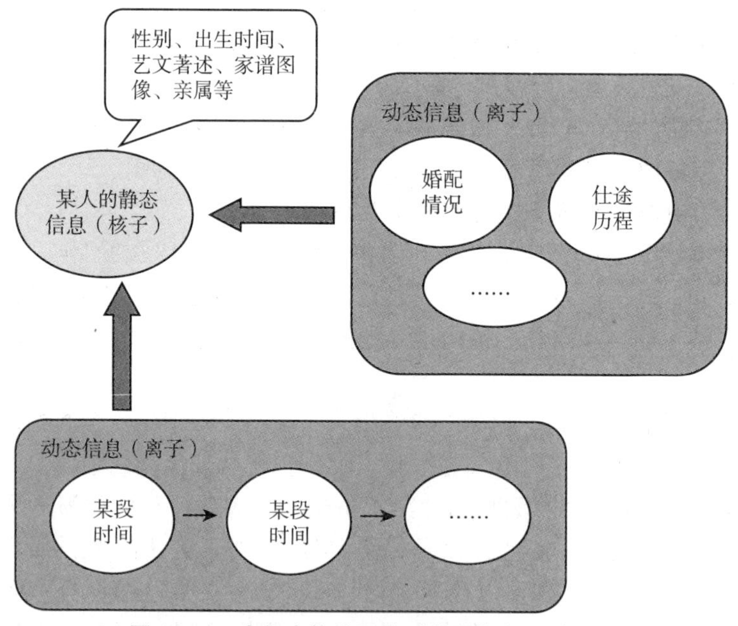

图 12－4　人物本体分子的“核子”与“离子”

对于家谱中家族本身，它的“家族姓氏”可能由于各种原因不断变化，但是家族还是那个家族。“家族姓氏”的这种变化不能说是家族本身的变化，它的核还是没有变。对于本体分子的控制，最重要的是要抓住本体分子的核子。不管本体分子如何动态变化，它的核是不会变化的。

由于本体分子中还存在着“离子”在不断演变，本体分子的形态可以随之改变，比如一个人的仕途历程盛衰表现为各个时期人的经历与境遇的不同变化。针对这些动态变化的知识，可以建立各种家谱本体分子演化的模型。如图 12 - 5 所示，展示出夏玉琼这个人在不同时期的两段婚姻关系。背景为圆点的部分表示其中一段婚姻关系，它的持续时间是 1983 ~ 1990 年。背景为斜格的部分表示另一段婚姻关系，它的持续时间是 1990 ~ 2004 年。

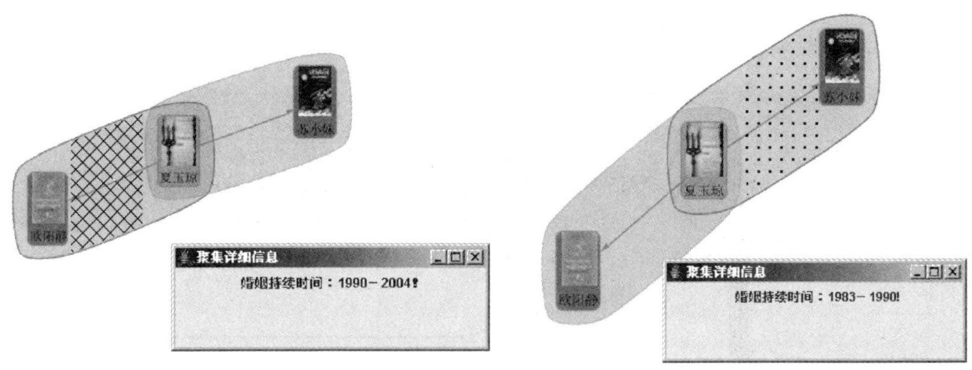

图 12 - 5　宗族人物婚姻演变示意

总之，本体分子是多粒度知识组织的一种模式，而本体分子演化是本体分子知识动态组织结果的表现形式。本体分子演化追踪在本体分子这个粒度上知识的变化过程和变化结果，根据本体分子的变化控制本体分子演化过程。本体分子演化能够比较好地解决家谱中普遍存在的动态知识问题。

12.4　移动家谱知识服务模型设计

建库需按照家谱描述元数据著录规则进行。本体分子定义完毕后，我们需要利用本体的推理进行隐性知识的挖掘。

家谱知识管理要实现追溯一个家族的基本静态信息，如姓氏源流、堂号家训、世系图、家传、家谱图像、家族关系等。家谱知识管理可以展示人物以及人物之间的关系，人物关系可以具体定位到兄弟姐妹、平辈、祖孙等关系。我们使用本体分子来表示不同粒度知识的检索及静态知识的表示。

由于人物的动态信息是相当复杂，如婚配问题、信仰问题等。如图 12 - 6 所示，处理人物的动态信息有两种方法：

（1）将动态信息按内容的不同进行划分。同一人物所对应的不同具名图分别表示不同内容的具体信息。如一个具名图中包含婚配的全部信息；另一个具名图中包含政治信仰的全部信息。

（2）将动态信息按时间段进行划分。同一人物所对应的不同具名图分别表示不同时间段的内容。如一个具名图中包含一个时间段的全部信息；另一个具名图中包含另一个时间段的信息。

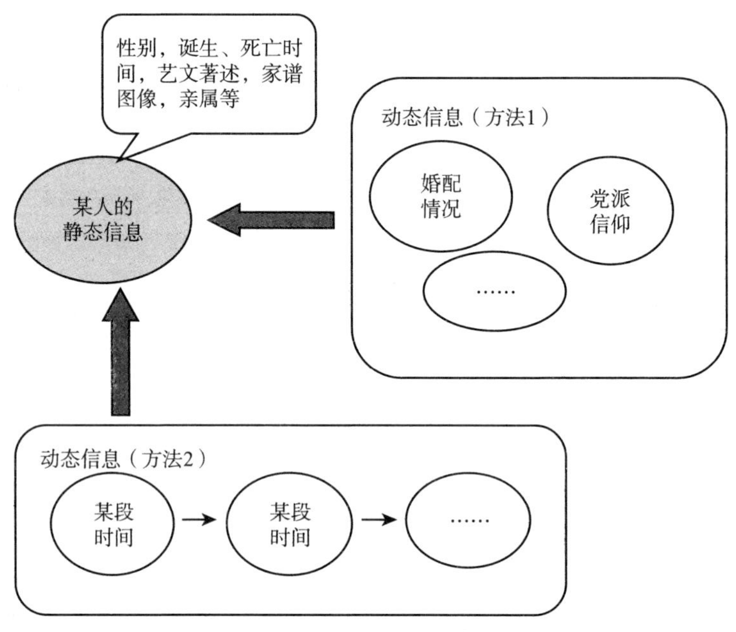

图 12 - 6　处理人物动态信息的两种方法

实际情况也可两者都用，根据动态信息的实际情况选择其中一种处理方法，若按内容划分出来的块不太多，就用方法 1，若时间段不多则用方法 2，但是两种方法都使用，会增加编码的复杂度。

在家谱管理模型中，如果女性入谱，男方跟女方的家谱都会有女方及其后人的记录，我们可以通过同时往男方家谱本体分子、女方家谱本体分子中添加女方和后人的人物本体分子，复用同一个人物本体分子。

12.5 本章小结

本章主要目标为构建移动家谱知识服务模型，解决家谱管理模型中静态知识的描述问题与动态知识的演化问题，对于移动社交网络家谱馆藏知识的挖掘与利用有积极意义。本章采取基于本体的移动知识管理技术路线，综合应用本体推理、本体分子和本体演化等技术。以本体分子为核心，提出了基于本体的移动家谱知识服务模型具体实现机制。

建立了移动家谱知识服务模型，确定了基于本体分子的宗族人物关系知识管理方式，制定了移动社交网络中的家谱知识管理标准，采取本体分子技术解决家谱多粒度知识问题，解决家谱管理模型中静态知识的描述问题与动态知识的演化问题。利用家谱对移动社交网络的数字资源进行整理、分析。在移动社交网络中进行基于家谱的知识管理，向用户提供基于家谱的可视化知识获取方式。

本章所提出的解决方案能够较好地实现家谱信息的移动数字化，并可以使用户获得良好的体验感受，达到支持家谱信息的移动端查询，发掘家谱的历史文化价值的目标。此方案区别于传统的以文献管理为中心的家谱形式，达到了以知识挖掘为核心的知识管理的层次。

第 13 章

结　　语

13.1　研究工作总结

个性化信息服务的提供逐渐成为移动社交网络的核心，用户可以数字化、智能化、多元化方式获取互联网信息资源，移动社交网络可以根据用户的自身需求为其量身定制个性化信息推送服务。

本研究工作提炼移动社交网络信息用户的行为模式，研究移动社交网络用户集群的信息行为特性，在用户偏好模型和聚类模型构建和应用中体现用户地理位置的特征，设计建立移动社交网络用户行为感知、预测机制。构建移动社交网络用户推荐个性化信息服务的模型，通过对于用户行为、社区聚类的感知与移动社交网络服务融合所产生的社交数据信息提取用户行为特征，继而为用户匹配与特征相符的个性化信息服务，实现高效的移动社交网络信息服务的推送，对于移动社交网络信息服务资源、知识资源进行科学管理。

另外，本研究工作融合地理位置、社区聚类和社交关系提高信息服务个性化推荐精准度，设计了基于地理社交数据、社会友谊与人群移动的用户个性化信息服务推荐的通用框架，针对其目标人群构建特定的个性化推荐系统。根据大规模用户群体在社交软件中积累的位置历史与社交关系图谱信息建立人群移动轨迹预测模型，结合用户使用 App 习惯为其提供个性化服务的定制与推送，填补了该研究领域的空白，对于提高信息服务个性化推荐精准度起到了积极的作用。

13.2　研究展望

移动互联网个性化服务的出现是顺应时代的潮流，给我们的生活带来了很大的方便。基于用户地理位置、社区聚类、用户行为大数据分析的个性化服务定制及推送在移动社交网络领域中的应用规模正逐步壮大，甚至出现了专门帮助用户推送信息服务的软件。在这个信息爆炸的时代，个性化服务的定制与推送毫无疑问地给用户带来了便利，在相当一定程度上解决了用户在面对海量信息时无从选择的问题。移动融合技术将移动社交网络从单纯的虚拟环境延伸到现实生活中，在增加了用户的社交维度的同时也为用户提供了贴切生活实际的个性化服务。

然而基于地理位置、社区聚类、用户行为的个性化服务的定制需要大量的用户相关信息，使得正在使用这些个性化服务的移动社交网络用户面临严重的隐私忧患。尤其是在信息迅捷的互联网时代，相关的法规不够完善，在个性化服务定制与推送的这一条路上还有很多工作需要完成。移动社交网络个性化服务定制需要大量用户地理信息以及社交信息，这使得正在使用相关个性化服务的移动社交网络用户面临严重的个人隐私信息泄露问题。由于目前与用户权益息息相关的个人隐私保护法律法规还不够完善，部分用户会关闭移动终端的定位功能并拒绝应用程序获得位置信息的请求，造成了高精确度地理社交数据稀缺的局面，缺乏大规模用户数据的支撑该模型的推荐精度在一定程度上会降低，个性化服务的出现顺应了时代的潮流，解决了用户面对海量繁杂信息无从下手的问题，如何隐私保护与推荐精度两方面寻找一个平衡点，是我们下一步需要考虑的问题。

参考文献

［1］赵文兵，赵宇翔．Web 2.0 环境下社交网络信息传播仿真研究［J］．情报学报，2013，32（5）：511－521.

［2］魏笑笑．基于移动社交网络的区域信息服务平台研究［J］．科技管理研究，2014（16）：185－188.

［3］赵雅馨．微信息环境下的社交网络用户需求调研［J］．图书情报工作，2013（8）：17－21，39.

［4］俞琰，邱广华，李珊．社交网站交互模式分析［J］．情报学报，2012，31（2）：213－224.

［5］王伟军，甘春梅．学术博客中的链接类型与功能研究［J］．情报学报，2013，32（6）：213－224.

［6］张磊．上海社交网络移动服务实践与创新［J］．图书情报工作，2013（4）.

［7］高春玲．中美社交网络微博和 SNS 社交网站应用情况调查与思考［J］．社交网络学研究，2012（22）.

［8］楼向英，高春玲．移动社交网络在社交网络中的应用初探［J］．社交网络杂志，2013（12）.

［9］陈艳．基于 SNS 的社交网络信息承载策略研究——以 4 种社交网络工具为例［J］．现代情报，2013（11）.

［10］朱雪彤，王永利．移动社交网络中用户上下文的自动识别与共享［J］．南京理工大学学报，2010，37（4）：500－505.

［11］张亚明，唐朝生，李伟钢．微博机制和转发预测研究［J］．情报学报，2013，3（8）：868－876.

［12］何军，刘业政．基于社交关系和影响力的在线社交网络用户兴趣偏好获取方法研究［J］．情报学报，2014，33（7）：730－739.

［13］曹怀虎，朱建明．情景感知的 P2P 移动社交网络构造及发现算法［J］．计算机学报，2012，35（6）：1223－1234.

［14］王玉祥，乔秀全，等．上下文感知的移动社交网络服务选择机制研究［J］．计算机学报，2010，33（11）：2126－2135.

[15] 吕苗，金淳，邓晓懿．基于情境的移动商务餐饮服务知识建模及推理研究 [J]．情报学报，2013，32 (2)：138-147.

[16] 程少川，李高，郑俊．面向跨学科创新合作的知识推送方法研究 [J]．情报学报，2013，32 (2)：148-153.

[17] 张朝旭．移动社交网络中上下文感知推荐机制的研究与设计 [D]．北京：北京交通大学，2013.

[18] 许欢庆，王永成．基于用户访问路径分析的网页预取模型 [J]．软件学报，2003 (6)：375-379.

[19] 朱鸿宇，刘瑰，唐福华，等．一种自适应的数据预取与缓冲算法 [J]．计算机工程与应用，2006 (8)：13-15，42.

[20] 蔡伟鸿，肖水，韦岗，等．基于选择性马尔可夫模型的缓存预取策略 [J]．通信学报，2010，31 (2)：58-66.

[21] 张晓薇，曹东刚，田刚，等．网络化移动应用的全局适应性数据预取机制 [J]．软件学报，2010 (8)：1783-1794.

[22] 百度百科“移动社交”词条 [EB] / [OL]．[2018-10-6]．https：//baike.baidu.com/item/%E7%A7%BB%E5%8A%A8%E7%A4%BE%E4%BA%A4/10403085？fr=aladdin.

[23] 王玙，高琳．基于社交圈的在线社交网络朋友推荐算法 [J]．计算机学报，2014 (4)：801-808.

[24] 刘滨强．移动环境下的个性化推荐用户兴趣建模研究 [D]．北京：北京邮电大学，2009.

[25] 张继东，李鹏程．基于地理社交数据的移动社交网络用户社会化关系发现研究 [J]．情报理论与实践，2017，40 (10)：69-73.

[26] 吴俊伟，何良华，方钰．基于动态贝叶斯网络的社交圈归属匹配模型 [J]．计算机应用，2008，28 (12)：3102-3104.

[27] 宋波伟，伍伟丽．基于信任社交圈的好友推荐算法 [J]．计算机工程，2017，43 (5)：149-155.

[28] Poria Pirozmand．动态社交网络中人群移动性分析 [D]．大连：大连理工大学，2017.

[29] 新浪微博数据中心：2017 微博用户发展报告 [EB]/[OL]．[2018-10-8]．http：//www.useit.com.cn/thread-17562-1-1.html.

[30] 新浪微博开放平台 [EB] / [OL]．[2018-04-03]．http：//open.weibo.com/.

[31] 范新梅．基于微博的舆情分析系统设计与实现 [D]．石家庄：河北科技大学，2015.

[32] 陈华，李仁发，刘钰峰，等．个性化搜索引擎推荐算法研究 [J]. 计算机应用研究，2010，27 (1)：48－50.

[33] 李小勇，桂小林．动态信任预测的认知模型 [J]. 软件学报，2010 (21)：163－176.

[34] 隋涛，陈荣赏．面向移动社交网络的动态信任评估 [J]. 湖北科技大学学报，2014 (3)：73－78.

[35] 赵卓鹤．移动互联网社交应用软件使用意愿影响因素实证研究——以"微信"为例 [D]. 山东：山东大学，2014.

[36] 卢明泰．WEB 数据挖掘及其在社交网络的应用研究 [D]. 成都：电子科技大学，2012.

[37] 乔秀全，杨春，李晓峰，等．社交网络服务中一种基于用户上下文的信任度计算方法 [J]. 计算机学报，2011 (12)：2404－2413.

[38] 苏志毅．基于手机通讯录的移动社交网络服务器的研究与实现 [D]. 北京：北京邮电大学，2011.

[39] 张鼎．云计算环境下信息资源共享模式研究 [J]. 情报科学，2010 (10)：1476－1479，1495.

[40] 郭强．一种基于节点分裂的重叠社区发现算法 [D]. 哈尔滨：哈尔滨大学，2013.

[41] 赵卓翔，王轶彤，田家堂，等．社会网络中基于标签传播的社区发现新算法 [J]. 计算机研究与发展，2011 (S3)：8－15.

[42] 郑伟涛，吴永亮，郭芳琳．基于链接分析和用户兴趣的微博社区发现算法 [J]. 计算机工程与科学，2017，39 (4)：804－812.

[43] 李孝伟，陈福才，刘立雄，等．一种融合节点与链接属性的社交网络社区划分算法 [J]. 计算机应用研究，2013，30 (5)：1477－1480.

[44] 林有芳，王天宇，唐锐，等．一种有效的社会网络社区发现模型和算法 [J]. 计算机研究与发展，2012，49 (2)：337－345.

[45] 牛锋．社交网络中基于信任模型的社区发现算法研究 [D]. 合肥：合肥工业大学，2017.

[46] 汪琼．社交网络与移动网络社交媒体融合发展研究 [J]. 社交网络理论与实践，2015 (1)：70－73.

[47] 窦天芳，张成昱，张蓓，等．移动互联网与传统互联网的服务融合——以清华大学社交网络 WAP 网站建设为例 [J]. 图书情报工作，2011 (9)：67－70，84.

[48] 蒋国银，马费成，刘行军．在线到移动环境下消费接受行为的演化研究：基于计算实验方法 [J]. 中国管理科学，2014 (11)：97－104.

[49] 穆向阳，朱学芳. 图书、博物、档案数字化服务融合模式研究 [J]. 情报科学，2016 (3)：14 -19.

[50] 唐科萍，许方恒，沈才樑. 基于位置服务的研究综述 [J]. 计算机应用研究，2012 (12)：4432 -4436.

[51] 阿里森. Facebook2015 年第四季度财报 [EB]/[OL]. [2016 -10 -8]. http：//tech. ifeng. com/a/20160128/41545720_0. shtml.

[52] 百度百科“Pokemon Go”词条 [EB]/[OL]. [2016 -10 -8]. http：//baike. baidu. com/item/% E7% B2% BE% E7% 81% B5% E5% AE% 9D% E5% 8F% AF% E6% A2% A6GO/19502795？fromtitle = Pokemon + Go&fromid = 19820389&type = syn.

[53] 百度百科“狠狠推”词条 [EB]/[OL]. [2016 -10 -8]. http：//baike. baidu. com/link？url =2PX6_v36m75 - QVKlrijqH8MOrBZws1spovzsXzGIUEKNR1ur5TZyy4Hynaehqq9XPTVKUIOjeL5khHPgmAOiE_.

[54] 夏立新，李重阳，王忠义. 融合关系强度和兴趣的好友推荐方法研究 [J]. 图书情报工作，2017 (1)：64 -71.

[55] 孙晓晨，徐雅斌. 位置社交网络的潜在好友推荐模型研究 [J]. 电信科学，2014，30 (10)：71 -77.

[56] 唐晓波，孙飞. 基于复杂信任网络的社会化媒体好友推荐研究 [J]. 情报理论与实践，2015，38 (11)：96 -102.

[57] 王涛，覃锡忠，贾振红，等. 基于相似度和信任度的关联规则微博好友推荐 [J]. 计算机应用，2016，36 (8)：2262 -2267.

[58] 赵海燕，侯景德，陈庆奎. 结合时间权重与信任关系的协同过滤推荐算法 [J]. 计算机应用研究，2015，32 (12)：3565 -3568.

[59] 徐建民，李腾飞，吴树芳，等. 一种基于用户交互行为的微博社区发现方法 [J]. 河北大学学报 (自然科学版)，2016，36 (2)：189 -196.

[60] 龙增艳，陈志刚，徐成林. 基于用户交互的社交网络好友推荐算法 KI-FLink [J/OL]. 计算机工程：1 -8 [2018 -05 -10]. https：//doi. org/10. 19678/j. issn. 1000 -3428. 0049724.

[61] 张中军，张文娟，于来行，等. 基于网络距离和内容相似度的微博社交网络社区划分方法 [J]. 山东大学学报 (理学版)，2017，52 (7)：97 -103.

[62] 周奇，陆敬筠，朱晓峰. 基于社交团体和用户相似度的信息推荐方法 [J]. 情报理论与实践，2016，39 (1)：123 -127.

[63] 王佳同. 基于用户相似度和社交信任关系的推荐算法研究 [D]. 长春：东北师范大学，2017.

[64] 代宝，刘业政. 基于期望确认模型、社会临场感和心流体验的微信用

户持续使用意愿研究［J］. 现代情报，2015，35（3）：19－23.

［65］左晓琳. 移动应用商店用户持续使用意愿影响因素分析［J］. 北京市经济管理干部学院学报，2014（1）：33－37.

［66］邓晓玲. 移动购物用户持续使用意愿影响因素的实证研究［D］. 南昌：江西财经大学，2016.

［67］刘人境，柴婧. SNS 社交网络个人用户持续使用行为的影响因素研究［J］. 软科学，2013，27（4）：132－135，140.

［68］刘莉. 社交网站用户持续使用行为研究——基于信息获取和人际交互的视角［J］. 情报理论与实践，2012，35（11）：17－22.

［69］胡守伟. 社会化问答平台用户持续使用意愿影响因素研究［D］. 合肥：安徽大学，2017.

［70］江勇威. 感知利益对社会化问答社区用户持续使用意愿的影响机制［D］. 广州：暨南大学，2016.

［71］田秀霞，宋羊力，朱涛，等. 基于用户相似度度量的有效社区 Leader 选举方法［J］. 燕山大学学报，2014，38（6）：516－521.

［72］齐超，陈鸿昶，于洪涛. 基于用户行为综合分析的微博用户影响力评价方法［J］. 计算机应用研究，2014，31（7）：2004－2007.

［73］韩忠明，苑丽玲，杨伟杰，等. 加权社会网络中重要节点发现算法［J］. 计算机应用，2013，33（6）：1553－1557.

［74］石磊，张聪，卫琳. 引入活跃指数的微博用户排名机制［J］. 小型微型计算机系统，2012，33（1）：110－114.

［75］何建民，殷澍. 社会关系网络中影响力用户发现方法研究［J］. 现代图书情报技术，2016，32（4）：20－30.

［76］曹玖新，吴江林，石伟，等. 新浪微博网信息传播分析与预测［J］. 计算机学报，2014，37（4）：779－790.

［77］王佩. 基于情感分析的社交网络节点影响力评价［D］. 上海：东华大学，2016.

［78］王洪伟，郑丽娟，尹裴，等. 基于句子级情感的中文网络评论的情感极性分类［J］. 管理科学学报，2013，16（9）：64－74.

［79］北京大学新媒体研究院. 媒体微博发展白皮书.［2018－3］. http：//stock. 10jqka. com. cn/usstock/20180115/c602473281. shtml.

［80］董凯. 移动互联网用户行为感知系统的设计与实现［D］. 北京：北京交通大学，2015.

［81］唐朝生. 在线社交网络信息传播建模及转发预测研究［D］. 河北秦皇岛：燕山大学，2014.

[82] 六度空间理论．搜狐百科．http//baike. sogou. com/v3549881. htm? fromTitle = % E5% 85% AD% E5% BA% A6% E5% 88% 86% E5% 89% B2% E7% 90% 86% E8% AE% BA.

[83] 王国华，曾润喜，方付建．解码网络舆情［M］．武汉：华中科技大学出版社，2011：63.

[84] 严玉燕．微博舆论场中网民行为引导研究［D］．长沙：湖南大学，2014.

[85] 甘春梅．移动社交网络持续使用意愿的实证分析［J］．社交网络论坛，2016（1）：79 - 84.

[86] 李晶，胡瑞．移动社交网络用户使用意愿的影响因素研究——信息安全感知的视角［J］．图书与情报，2014（4）：99 - 104.

[87] 甘春梅．基于使用后评价视角的移动社交网络持续意愿研究［J］．情报科学，2017（1）：139 - 143.

[88] 赵忠平．移动游戏用户使用意愿影响因素分析［D］．北京：北京邮电大学，2012.

[89] 胡赫男，吴世农．我国基金羊群行为：测度与影响因素［J］．经济学家，2006（6）：116 - 125.

[90] 陈明红，漆贤军，刘莹．移动社交网络持续使用意向及习惯的调节作用［J］．情报科学，2016（1）：125 - 132.

[91] 周中允．理解社会型虚拟世界中用户的持续参与：在“第二人生”中的探索研究和实证研究［D］．安徽：中国科学技术大学，2010.

[92] 中国互联网络信息中心．第 41 次中国互联网络发展状况统计报告［EB/OL］．［2018 - 05 - 05］．http：//www. cnnic. net. cn/hlwfzyj/hlwxzbg/hlwtjbg/201803/t20180305_70249. htm.

[93] 陈丹，辛晓磊．基于龙源期刊网的数字期刊阅读差异化分析［J］．图书与情报，2012（2）：10 - 17.

[94] 唐凯芹，张志强．基于 CNKI 的我国数字期刊研究状况分析［J］．中国科技期刊研究，2015，26（6）：626 - 633.

[95] 朱晓云．数字期刊网络营销研究［J］．编辑之友，2011（9）：36 - 39.

[96] 刘广东．基于“用户画像”的商品推送系统设计与实现［D］．西安：西安电子科技大学，2017.

[97] 张安磊．移动环境下特色数据资源个性化推送系统的构建方法［J］．计算机光盘软件与应用，2013（10）：54 - 55.

[98] 周盼盼，丁怡心，邱雨楠，等．基于数据挖掘的用户行为特征分析算法研究［J］．南京工程学院学报（自然科学版），2016，14（1）：76 - 82.

[99] 蔡文学，萧超武，黄晓宇．基于 LDA 的用户轨迹分析 [J]. 计算机应用与软件，2015，32 (5)：307 - 309.

[100] 王然．移动用户行为感知的音乐推荐系统研究与实现 [D]. 北京：北京工业大学，2016.

[101] 刘滨强．移动环境下的个性化推荐用户兴趣建模研究 [D]. 北京：北京邮电大学，2009.

[102] 张继东．移动社交网络环境下基于情景化偏好的用户行为感知研究 [J]. 情报理论与实践，2017，40 (1)：110 - 114.

[103] 王立才．上下文感知推荐系统若干关键技术研究 [D]. 北京：北京邮电大学，2012.

[104] 杨大鑫，王荣波，黄孝喜，等．基于最小方差的 K-means 用户聚类推荐算法 [J]. 计算机技术与发展，2018 (1)：104 - 107.

[105] 张新猛，蒋盛益．基于加权二部图的个性化推荐算法 [J]. 计算机应用，2012，32 (3)：654 - 657.

[106] 郭淼霞，陈伟，李智腾，等．加权二部图推荐算法的 MapReduce 并行化实现 [J]. 泉州师范学院学报，2015 (2)：110 - 114.

[107] 梅三郎．基于加权二部图与 K - Medoids 的协同过滤推荐算法的改进及应用 [D]. 南宁：广西大学，2015.

[108] 王鹤鸣．中国家谱通论 [M]. 上海：上海古籍出版社，2011.

[109] 吴刚．细粒度语义网检索 [J]. 清华大学学报（自然科学版），2005，45：1866 - 1871.

[110] 上海社交网络．中国家谱论丛 [M]. 上海：上海古籍出版社，2010.

[111] 王铁．中国家谱资料选编．传记卷 [M]. 上海：上海古籍出版社，2013.

[112] 朱华琴．关于社交网络知识管理的研究 [J]. 现代情报，2008 (2)：108.

[113] 谈家胜．国家社交网络所藏徽谱资源研究——32 种稀见徽州家谱叙录 [M]. 合肥：安徽大学出版社，2011.

[114] Choi C R, Jeong H Y. Quality evaluation and best service choice for cloud computing based on user preference and weights of attributes using the analytic network process [J]. Electronic Commerce Research, 2014, 14 (3): 245 - 270.

[115] Mu B, Li S, Yuan S J. QoS - Aware Cloud Service Selection Based on Uncertain User Preference [C]. Rough Sets and Knowledge Technology, Rskt 2014, 2014, 8818: 589 - 600.

[116] Hou L, Pan X, Guo Q. Memory effect of the online user preference [J].

Scientific Reports, 2014 (4).

[117] Arnaboldi V, Conti M, Delmastro F. Cameo: A novel context-aware middleware for opportunistic mobile social networks [J]. Ipervasive and Mobile Computing, 2014 (11): 148 - 167.

[118] Ma Y X, Xu J Y, Peng D C, et al. A Visual Analysis Approach for Community Detection of Multi-Context Mobile Social Networks [J]. Journal of Computer Science and Technology, 2013, 28 (5): 797 - 809.

[119] Tang J, Kim S. Context-Driven Mobile Social Network Discovery System [C]. Multimedia, Computer Graphics and Broadcasting, 2011: 106 - 115.

[120] Kwon H J, Kim D J, Hong KS. Development of Mobile Social Network Systems Using Real-Time Facial Authentication and Collaborative Recommendations [J]. International Journal of Distributed Sensor Net Works, 2013.

[121] Sanchez F, Barrilero M, et al. Social and Content Hybrid Image Recommender System for Mobile Social Networks [J]. Mobile Networks & Applications, 2012, 17 (6): 782 - 795.

[122] Kwon H J, Hong K S. Personalized Real-time Location-tagged Contents Recommender System Based on Mobile Social Networks [C]. 2012 IEEE International Conference on Consumer Electronics, 2012: 558 - 559.

[123] Raychoudhury V, Kshemkalyani AD, et al. Automatic Event Scheduling in Mobile Social Network Communities [J]. IEEE Transactions on Parallel and Distributed Systems, 2010, 25 (11): 2772 - 2782.

[124] Xiao M J, Wu J, Huang L S. Community-Aware Opportunistic Routing in Mobile Social Networks [J]. IEEE Transactions on Computers, 2014, 63 (7): 1682 - 1695.

[125] Noulas A, Scellato S, Lathia N et al. Mining User Mobility Features for Next Place Prediction in Location-Based Services [C]//IEEE, International Conference on Data Mining. IEEE, 2013: 1038 - 1043.

[126] Lian D, Zhu Y, Xie X, et al. Analyzing Location Predictability on Location-Based Social Networks [J]. Lecture Notes in Computer Science, 2014 (8443): 102 - 113.

[127] Mckenzie G, Adams B, Janowicz K. A Thematic Approach to User Similarity Built on Geosocial Check-ins [J]. Lecture Notes in Geoinformation & Cartography, 2013, 381 (5): 39 - 53.

[128] M Newman, M Girvan. Finding and evaluating community structure in networks, Phys. Rev. E 69 (2) (2004).

[129] Pothen A, Simon H D, Liou K P. Partitioning sparse matrices with eigenvectors of graphs [J]. SIAM Journal on Matrix Analysis and Applications, 1990, 11 (3): 430 - 452.

[130] Newman M E. Fast algorithm for detecting community structure in networks [J]. Physical Review E, 2004, 69 (6): 279 - 307.

[131] Clauset A, Newman M E J, Moore C. Finding community structure in very large networks [J]. Physical Review E, 2004, 70 (6): 264 - 277.

[132] Blondel V D, Guillaume J L, Lambiotte R, et al. Fast unfolding of communities in large networks [J]. Journal of Statistical Mechanics Theory & Experiment, 2008, 30 (2): 155 - 168.

[133] Girvan M, Newman M E J. Community structure in social and biological networks [C] //Proceedings of the National Academy of Sciences, 2002, 99 (12): 7821 - 7826.

[134] Nguyen N P, Dinh T N, Xuan Y et al. Adaptive algorithms for detecting community structure in dynamic social networks [C] //INFOCOM, 2011 Proceedings IEEE. IEEE, 2011: 2282 - 2290.

[135] Raghavan U N, Albert R, Kumara S. Near linear time algorithm to detect community structures in large-scale networks [J]. Physical Review E, 2007, 76 (3): 1 - 11.

[136] Barber M J, Clark J W. Detecting network communities by propagating labels under constraints. [J]. Physical Review E, 2009, 80 (2): 283 - 289.

[137] Gregory S. Finding overlapping communities in networks by label propagation [J]. New Journal of Physics, 2010, 12 (10): 2011 - 2024.

[138] Fideler M. Algebraic connectivity of graphs [J]. Czech Math J, 1973, 23 (98): 298 - 305.

[139] Capocci A, Cervedio V D P, Caldarelli G, et al. Detecting communities in large network [J]. Physica (Statical Mechanics & Its Applications), 2005, 352 (2 - 4): 669 - 676.

[140] Budak C, Kannan A, Agrawal R, et al. Inferring user interests from Microblogs: MSR - TR - 2014 - 68 [R]. New York: Microsoft Research Lab, 2014.

[141] Steyvers M, Smyth P, Rosen M, et al. Griffiths, probabilistic author-topic models for information discovery [C] //Proc of the 13th ACM SIGKDD International Conference on Knowledge Discovery and Data Mining, 2004: 306 - 315.

[142] McCallum A, Wang X, Corrada A. Emmanuelm, topic and role discovery in social networks with experiments on Enron and academic email [J]. The Journal of

Artificial Intelligence Research, 2007, 30 (1): 249 –272.

[143] Dang T A, Viennet E. Community detection based on structural and attribute similarities [C] //Proc of 6th Int Conf on Digital Society (ICDS). New York: Xpert Publishing Service, 2012: 7 –14.

[144] Lü L, Zhou T. Link prediction in complex networks: A survey [J]. Physica A: Statistical Mechanics and Its Applications, 2011, 390 (6): 1150 – 1170.

[145] Ristad E S, Yianilos P N. Learning string-edit distance [J]. IEEE Transactions on Pattern Analysis and Machinc Intelligence, 1998, 20 (5): 522 –532.

[146] Zhang P, Wang D, Xiao J. Improving the recommender algorithms with the detected communities in bipartite networks [J]. Physica A Statistical Mechanics & Its Applications, 2017 (47): 147 –153.

[147] Zhu J Q, Lu L, Ma C M. From Interest to Location: Neighbor-Based Friend Recommendation in Social Media [J]. 计算机科学技术学报（英文版）, 2015, 30 (6): 1188 –1200.

[148] Ma X, Ma J, Li H, et al. ARMOR: A trust-based privacy-preserving framework for decentralized friend recommendation in online social networks [J]. Future Generation Computer Systems, 2017 (79).

[149] Guo L, Zhang C, Fang Y. A Trust-Based Privacy-Preserving Friend Recommendation Scheme for Online Social Networks [J]. IEEE Transactions on Dependable & Secure Computing, 2015, 12 (4): 413 –427.

[150] Kalaï A, Zayani C A, Amous I, et al. Social collaborative service recommendation approach based on user's trust and domain-specific expertise [J]. Future Generation Computer Systems, 2017.

[151] Guo D, Xu J, Zhang J, et al. User relationship strength modeling for friend recommendation on Instagram [J]. Neurocomputing, 2017, 239 (C): 9 –18.

[152] Ball B, Karrer B, Newman M E. Efficient and principled method for detecting communities in networks [J]. Physical Review E Statistical Nonlinear & Soft Matter Physics, 2011, 84 (2): 036103.

[153] Zardi H, Romdhane L B. An O (n2) algorithm for detecting communities of unbalanced sizes in large scale social networks [M]. Elsevier Science Publishers B. V. 2013.

[154] Hu F, Liu Y. A new algorithm CNM – Centrality of detecting communities based on node centrality [J]. Physica A Statistical Mechanics & Its Applications, 2016 (446): 138 –151.

[155] Chang S E, Shen W C, Yeh C H. A comparative study of user intention to recommend content on mobile social networks [J]. Multimedia Tools & Applications, 2016: 1 – 19.

[156] Zhou T. Understanding continuance usage of mobile sites [J]. Industrial Management & Data Systems, 2013, 11 (1): 56 – 70.

[157] Ha Y W, Park M C, Lee E. A framework for mobile SNS advertising effectiveness: user perceptions and behaviour perspective [J]. Behaviour & Information Technology, 2014, 33 (12): 1333 – 1346.

[158] Wu I L, Li J Y, Fu C Y. The adoption of mobile healthcare by hospital's professionals: An integrative perspective [J]. Decision Support Systems, 2011, 51 (3): 587 – 596.

[159] Shin Y M, Lee S C, Shin B, et al. Erratum to: Examining influencing factors of post-adoption usage of mobile internet: Focus on the user perception of supplier-side attributes [J]. Information Systems Frontiers, 2010, 12 (5): 595 – 606.

[160] Schierz P G, Schilke O, Wirtz B W. Understanding consumer acceptance of mobile payment services: An empirical analysis [J]. Electronic Commerce Research & Applications, 2010, 9 (3): 209 – 216.

[161] Liang T P, Yeh Y H. Effect of use contexts on the continuous use of mobile services: the case of mobile games [J]. Personal & Ubiquitous Computing, 2011, 15 (21): 87 – 196.

[162] Thong J Y L, Venkatesh V, Xu X, et al. Consumer Acceptance of Personal Information and Communication Technology Services [J]. IEEE Transactions on Engineering Management, 2011, 58 (4): 613 – 625.

[163] Park J, Yang S, Lehto X. Adoption of Mobile Technologies for Chinese Consumers [J]. Journal of Electronic Commerce Research, 2007, 8 (3).

[164] Zhou T. Understanding mobile Internet continuance usage from the perspectives of UTAUT and flow [J]. Information Development, 2011, 27 (3): 207 – 218.

[165] Kim B, Min J. The distinct roles of dedication-based and constraint-based mechanisms in social networking sites [J]. Internet Research, 2015, 25 (1): 30 – 51.

[166] Lin T C, Wu S, Hsu S C et al. The integration of value-based adoption and expectation-confirmation models: An example of IPTV continuance intention [J]. Decision Support Systems, 2012, 54 (1): 63 – 75.

[167] Yuan Y, Archer N, Connelly C E, et al. Identifying the ideal fit between mobile work and mobile work support [J]. Information & Management, 2010, 47

(3): 125 -137.

[168] Hsu C L, Lu H P, Hsu H H. Adoption of the mobile Internet: An empirical study of multimedia message service (MMS) [J]. Omega, 2007, 35 (6): 715 - 726.

[169] Delone W H, Mclean E R. Measuring e-Commerce Success: Applying the DeLone & McLean Information Systems Success Model [M]. M. E. Sharpe, Inc. 2004.

[170] Kim D, Chun H, Lee H. Determining the factors that influence college students' adoption of smartphones [J]. Journal of the Association for Information Science & Technology, 2014, 65 (3): 578 -588.

[171] Luo X. Trust production and privacy concerns on the Internet: A framework based on relationship marketing and social exchange theory [J]. Industrial Marketing Management, 2002, 31 (2): 111 -118.

[172] Girolami M, Chessa S, Caruso A. On service discovery in mobile social networks: Survey and perspectives [J]. Computer Networks, 2015, 88: 51 -71.

[173] Davis F D. Perceived Usefulness, Perceived Ease of Use, and User Acceptance of Information Technology [J]. Mis Quarterly, 1989, 13 (3): 319 -340.

[174] Venkatesh V, Davis F D. A Theoretical Extension of the Technology Acceptance Model: Four Longitudinal Field Studies [M]. Informs, 2000.

[175] Tarokh M J, Arian H S, Speily O R B. Discovering Influential Users in Social Media to Enhance Effective Advertisement [J]. Advances in Computer Science: An International Journal, 2015, 4 (5): 23 -28.

[176] Lee C, Kwak H, Park H et al. Finding Influentials based on the temporal order of information adoption in twitter [C] //Proceedings of the 19th international conference on world wide web. New York, NY, USA, 2010: 1137 -1138.

[177] Ding Z, Wang H, Guo L et al. Finding Influential Users and Popular Contents on Twitter [C]. In: Proceedings of the 16th International Conference on Web Information System Engineering, Miami, FL, USA. Springer International Publishing, 2015: 267 -275.

[178] Chen D, Lu L, Shang M S et al. Identifying influential nodes in complex networks [J]. Fuel & Energy Abstracts, 2012, 391 (4): 1777 -1787.

[179] Basave A E C, Mazumdar D, Ciravegna F. Social influence analysis in microblogging platforms—A topic-sensitive based approach [J]. Semantic Web, 2012: 1 -15.

[180] Weng J, Lim E P, Jiang J et al. TwitterRank: Finding Topic-sensitive Influential Twitterers [C] //Proceedings of the third ACM international conference on

Web search and data mining. New York, NY, USA, 2010: 261 – 270.

[181] Ye S, Wu S F. Measuring Message Propagation and Social Influence on Teitter. com [J]. Spring Berlin, 2010: 216 – 231.

[182] Wang, J, S Yuwen. Structure and Operation Mechanism of Network Public Opinion Ecosystem Research [J]. Journal of Intelligence Theory and the Practice, 2014, No. 1, 55 – 58.

[183] Chen Chen1, Honglu Liu2, Xiaolan Guan2. A Game Theory Based Model for Internet Public Opinion's Embryonic Stage [J]. School of Traffic and Transportation.

[184] Huailiang Shen, Feixia Bao. Internet Public Opinion Recognition and Tracking Based on Web Mining [J]. Zhejiang Business Technology Institute, Ningbo 315012, China.

[185] Guangli Wu. Research on Mining and Classification of Public Opinion Mining based on Semantic [J]. Gansu Institute of Political Science and Law, 730070, China.

[186] Goh T T, Liew C L. SMS-based library catalogue system: A preliminary investigation of user acceptance [J]. The Electronic Library, 2009, 27 (3): 394 – 408.

[187] H Jeong. An investigation of user perceptions and behavioral intentions towards the e-library [J]. Library Collections, Acquisitions, & Technical Services, 2011, 35 (2 – 3): 45 – 60.

[188] Bhattacherjee A. Understanding information systems continuance: An expectation confirmation model [J]. MIS Quarterly, 2001, 25 (3): 351 – 370.

[189] Limayem M. How Habit limits the predictive power of intention: The ease of information systems continuance [J]. MIS Quarterly, 2007, 31 (4): 705 – 737.

[190] Bhattacherjee A, Perols J, Sanford C. Information technology continuance: A theoretic extension and empirical test [J]. Journal of Computer Information Systems, 2008, 30 (4): 17 – 26.

[191] Hirschman E, Holbrook M. Hedonic Consumption: Emerging Concepts, Methods and Propositions [J]. The Journal of Marketing, 1982, 46 (3): 92 – 101.

[192] Terry L Childers, Christopher L Carr, Joann Peck et al. Hedonic and utilitarian motivations for online retail shopping behavior [J]. Journal of Retailing, 2001, 77 (4): 511 – 535.

[193] Bhattacherjee A V. A Simple Model of Herd Behavior [J]. The Quarterly Journal of Economics, 1992, 107 (3): 797 – 817.

[194] Oberholzer-Gee F. Nonemployment stigma as rational herding: A field ex-

periment [J]. Journal of Economic Behavior and Organization, 2008, 65 (1): 30 - 40.

[195] Chen, Y. Herd behavior in purchasing books online [J]. Computers in Human Behavior, 2008, 24 (5): 1977 - 1992.

[196] Chiu C M, Hsu M H, Lai H et al. Re-examining the influence of trust on online repeat purchase intention: The moderating role of habit and its antecedents [J]. Decision Support Systems, 2012, 53 (4): 835 - 845.

[197] Verplanken B, Aarts H, Knippenberg A D. Habit, information acquisition, and the process of making travel mode choices [J]. European Journal of Social Psychology, 1997 (27): 539 - 560.

[198] Aarts H, Verplanken B, Knippenberg A V. Predicting behavior from actions in the past: Repeated decision making or a matter of habit [J]. Journal of Applied Social Psychology, 1998, 28 (15): 1355 - 1374.

[199] Landis D, Triandis H, Adamopoulos J. Habit and behavioral intentions as predictors of social behavior [J]. Journal of Social Psychology, 1978, 106 (2): 227 - 237.

[200] Kim G S, Park S B, Oh J. An Examination of Factors Influencing Consumer Adoption of Short Message Service (SMS) [J]. Psychology and Marketing, 2008 (25): 769 - 786.

[201] Kang Y S, Lee H. Understanding the role of an IT artifact in online service continuance: An extended perspective of user satisfaction [J]. Computers in Human Behavior, 2010, 26 (3): 353 - 364.

[202] Thong J Y L, Hong S J, Tam K Y. The effects of post-adoption beliefs on the expectation-confirmation model for information technology continuance [J]. International Journal of Human-Computer Studies, 2006, 64 (9): 799 - 810.

[203] Kim, B. An empirical investigation of mobile data service continuance: Incorporating the theory of planned behavior into the expectation-confirmation model [J]. Expert Systems with Applications, 2010, 37 (10): 7033 - 7039.

[204] Agrifoglio R, Black S, Metallo C et al. Extrinsic versus intrinsic motivation in continued Twitter usdage [J]. Journal of Computer Information Systems, 2015, 53 (1): 33 - 41.

[205] Sun H. A Longitudinal Study of Herd Behavior in the Adoption and Continued Use of Technology [J]. Management Information Systems Quarterly, 2013 (37): 1013 - 1041.

[206] Parthasarathy M, Bhattacherjee A. Understanding Post-adoption Behavior in

the Context of Online Services [J]. Information Systems Research, 1998, (9): 362 - 379.

[207] Limayem M, Hirt S G, Cheung C M K. How habit limits the predictive power of intention: the case of information systems continuance [J]. MIS Quarterly, 2007, 31 (4): 705 - 737.

[208] Cheung C, Limayem M. The role of habit in information systems continuance: examining the evolving relationship between intention and usage [C]//ICIS. 2005 Proceedings. 2005: 39.

[209] Mohamed K, Vanessa L. Online consumer retention: contingent effects of online shopping habit and online shopping experience [J]. European Journal of Information Systems, 2007 (16): 780 - 792.

[210] Koufaris M. Applying the technology acceptance model and flow theory to online consumer behavior [J]. Information Systems Research, 2002, 13 (2): 205 - 223.

[211] Adomavicius G, Tuzhilin A. Context-Aware Recommender Systems [J]. International Journal of Information Technology & Web Engineering, 2008, 32 (3): 335 - 336.

[212] Jayasree P, G. Suganya G S, Nesa Kumar C D. Query based Recommendation and Gaussian Firefly based Clustering Algorithm for Inferring User Feedback Sessions with Search Goals [J]. International Journal of Computer Applications, 2015, 114 (2): 14 - 19.

[213] Gong S J. A Recommendation Algorithm Using Hybrid Clustering [J]. Proceedings of the International Symposium on Information System, 2009.

[214] C Bizer, R Cyganiak. NG4J - Named Graphs API for Jena. http: //wifo5 - 03. informatik. uni-mannheim. de/bizer/ng4j/ [2016 - 2 - 16].